Serie Marktonderzoek voor het Hoger Onderwijs

Kwalitatief marktonderzoek

Serie Marktonderzoek voor het Hoger Onderwijs

Kwalitatief marktonderzoek

Drs. U. Meier

met medewerking van M. Broekhoff

Derde druk

Noordhoff Uitgevers bv Groningen | Houten

Ontwerp omslag en omslagillustratie: G2K Designers, Groningen/Amsterdam

Eventuele op- en aanmerkingen over deze of andere uitgaven kunt u richten aan: Noordhoff Uitgevers bv, Afdeling Hoger Onderwijs, Antwoordnummer 13, 9700 VB Groningen, e-mail: info@noordhoff.nl

Met betrekking tot sommige teksten en/of illustratiemateriaal is het de uitgever, ondanks zorgvuldige inspanningen daartoe, niet gelukt eventuele rechthebbende(n) te achterhalen. Mocht u van mening zijn (auteurs)rechten te kunnen doen gelden op teksten en/of illustratiemateriaal in deze uitgave dan verzoeken wij u contact op te nemen met de uitgever.

Aan de totstandkoming van deze uitgave is de uiterste zorg besteed. Voor informatie die desondanks onvolledig of onjuist is opgenomen, aanvaarden auteur(s), redactie en uitgever geen aansprakelijkheid. Voor eventuele verbeteringen van de opgenomen gegevens houden zij zich aanbevolen.

0 / 12

Deze uitgave is gedrukt op FSC-papier.

© 2012 Noordhoff Uitgevers bv Groningen/Houten, The Netherlands.

Behoudens de in of krachtens de Auteurswet van 1912 gestelde uitzonderingen mag niets uit deze uitgave worden verveelvoudigd, opgeslagen in een geautomatiseerd gegevensbestand of openbaar gemaakt, in enige vorm of op enige wijze, hetzij elektronisch, mechanisch, door fotokopieën, opnamen of enige andere manier, zonder voorafgaande schriftelijke toestemming van de uitgever. Voor zover het maken van reprografische verveelvoudigingen uit deze uitgave is toegestaan op grond van artikel 16h Auteurswet 1912 dient men de daarvoor verschuldigde vergoedingen te voldoen aan Stichting Reprorecht (postbus 3060, 2130 KB Hoofddorp, www.reprorecht.nl). Voor het overnemen van gedeelte(n) uit deze uitgave in bloemlezingen, readers en andere compilatiewerken (artikel 16 Auteurswet 1912) kan men zich wenden tot Stichting PRO (Stichting Publicatie- en Reproductierechten Organisatie, postbus 3060, 2130 KB Hoofddorp, www.stichting-pro.nl).

All rights reserved. No part of this publication may be reproduced, stored in a retrieval system, or transmitted, in any form or by any means, electronic, mechanical, photocopying, recording, or otherwise, without the prior written permission of the publisher.

ISBN 978 90 01 80938 6
NUR 802

Inleiding

Kwalitatief marktonderzoek is een belangrijk middel voor ondernemers en marketeers. Liefst 30% van de marktonderzoeksopdrachten heeft tegenwoordig betrekking op deze vorm van onderzoek. Kwalitatief marktonderzoek geeft inzicht in de ideeën, behoeften, wensen, gevoelens en voorkeuren van mensen. De belangrijkste vormen zijn het groepsgesprek en het diepte-interview. Daarnaast maken onderzoekers gebruik van observatie, vaak in de vorm van huisbezoek bij de respondent.

Dit boek is bedoeld als hulpmiddel voor de volgende situaties:
- Je wilt zelf kwalitatief marktonderzoek doen.
- Je leidt kwalitatieve marktonderzoekers op.
- Je wilt kwalitatief marktonderzoek inkopen of inzetten voor een organisatie.

Een serie biedt maatwerk
Elk marktonderzoek is anders. Met welke methoden je het onderzoek vormgeeft, hangt af van de probleemstelling en de onderzoeksvraag. Dit boekje is onderdeel van een serie van vijf delen. Ieder deel sluit aan bij een specifieke onderzoekssituatie.

Starten met marktonderzoek biedt mensen die planmatig en effectief marktonderzoek gaan doen of begeleiden een duidelijke wegwijzer. De heldere structuur, het stappenplan en de uitleg over veelvoorkomende problemen zorgen ervoor dat het onderzoek goed verloopt.

Deskresearch is een wegwijzer voor marketeers en onderzoekers die effectief en snel bestaande gegevens willen opzoeken en gebruiken. Het gaat in op bronnen van gegevens, de betrouwbaarheid van data en het beantwoorden van veelvoorkomende marketingvragen.

Kwalitatief marktonderzoek biedt een praktische handleiding voor mensen die zelf kwalitatief marktonderzoek willen gaan doen. Het biedt actuele informatie over de mogelijkheden van het vak. De gestructureerde opzet biedt ook een leidraad voor de opdrachtgever.

Het boekje *Enquête research* gaat in op de vraag hoe een goede vragenlijst te maken. Het geeft een stappenplan om duidelijke, eerlijke, objectieve vragen te stellen en heldere antwoorden te verkrijgen. Het is daarmee ook een handig middel voor een opdrachtgever om een vragenlijst te beoordelen.

Direct aan de slag met SPSS is het laatste deel van deze serie. Het leert de gebruiker in simpele stappen om de uitkomsten van een enquête te verwerken en te analyseren. Dit is geen omvangrijke manual maar een heldere, gerichte instructie waarmee u meteen aan de slag kunt.

Zelf kwalitatief marktonderzoek doen
Als marktonderzoeker of als student kun je kwalitatief marktonderzoek doen. Dit boek biedt je praktische richtlijnen: hoe pak je het aan, waar moet je aan denken? We bieden een duidelijke structuur voor het voorbereiden, uitvoeren, analyseren en rapporteren. In elk hoofdstuk geven we daarnaast veel praktische tips en noemen de valkuilen. Zo ontdek je hoe je een geslaagd onderzoek realiseert.

Het opleiden van kwalitatieve marktonderzoekers
Het doen van kwalitatief marktonderzoek vraagt vaardigheden van de onderzoeker. Dit boek is bedoeld om deze te ontwikkelen. In hoofdstuk 1 en 2 behandelen we hoe je het gesprek inhoudelijk en organisatorisch voorbereidt. In hoofdstuk 3 gaan we in op het gebruik van gesprekstechnieken: zinvolle vragen stellen, het gesprek de juiste kant op sturen, werken met lichaamstaal. In hoofdstuk 4 behandelen we hoe je een groepsgesprek kunt leiden, hoe een checklist gemaakt wordt en hoe je ongewenste groepsprocessen bijstuurt. Het onderzoek moet uiteraard de gestelde vragen beantwoorden.
Er zijn veel verschillende werkvormen en technieken om inhoud te geven aan kwalitatief onderzoek. De meeste zijn praktisch bruikbaar zonder dure hulpmiddelen. In hoofdstuk 5 behandelen we de bekendste projectieve technieken zoals het invullen van cartoons, het maken van collages of het werken met waardebeelden en/of kaartjes. In hoofdstuk 6 komen werkvormen aan bod die wat meer kennis of techniek vragen van de gebruiker, zoals mystery shopping, online kwalitatief onderzoek en storytelling. In hoofdstuk 7 vertellen we hoe een onderzoeker de uitkomsten van de gesprekken analyseert. Hoofdstuk 8 gaat specifiek in op het maken van een rapportage. Op de website staan opgaven, opdrachten en beoordelingsmodellen om in een cursus of tijdens lessen te gebruiken. Er staan ook diverse praktijkmaterialen op zoals onderzoeksrapporten en een checklist.

Opdracht geven en onderzoek begeleiden
Als je een kwalitatief marktonderzoek uitbesteedt, dan wil je zeker weten dat je goede resultaten krijgt. Dit boekje maakt dat mogelijk. Zo behandelen we de vraag hoe je een goed bureau vindt, wat er in de briefing moet staan en wat het onderzoek redelijkerwijs gaat kosten. De hoofdstukken over organisatie, gesprekstechnieken en onderzoeksmethoden maken duidelijk wat de opdrachtgever van een bureau mag verwachten. Door dit te lezen kun je als opdrachtgever de juiste eisen aan het onderzoek stellen. Duidelijk wordt wat het onderzoeksbureau nodig heeft om een goed onderzoek te realiseren, bijvoorbeeld als het gaat om de samenstelling van de respondentgroep, de keuze van de locatie, de kernvragen in het onderzoek en de optimale rapportage. Dit maakt het mogelijk om het onderzoeksdesign te kiezen dat optimaal bijdraagt aan de doelstellingen.

Wijzigingen ten opzichte van de vorige druk
Dit boek is grondig herzien ten opzichte van de vorige druk uit 2007. In de eerste plaats hebben we alle informatie gecontroleerd en geactualiseerd. Inhoudelijk hebben we paragrafen toegevoegd over de onderwerpen online kwalitatief marktonderzoek, storytelling en neurolinguïstisch programmeren. Daarnaast hebben we de uitleg over

gesprekstechnieken flink uitgebreid. In hoofdstuk 3 behandelen we het voeren van individuele interviews. Daarbij geven we uitleg over de techniek van het vragenstellen en het leiden van een gesprek. Ook gaan we in op het belang en de werking van non-verbale communicatie. De techniek 'spiegelen' komt hier aan bod. Hoofdstuk 4 behandelt het voeren van groepsgesprekken. Hier gaan we, dieper dan in de vorige druk, in op de rol van de gespreksleider en de opdrachtgever, de fasen in het gesprek, hoe het gesprek de gewenste kant op te sturen en welke hulpmiddelen de onderzoeker kan inzetten. In deze druk is ook verder uitgewerkt hoe de onderzoeker tot een goede vraagstelling en checklist kan komen. Ten slotte hebben we op de website, naast de bestaande opgaven, aanvullend actueel materiaal uit de praktijk geplaatst.
www.kwalitatiefmarktonderzoek.noordhoff.nl

Vertel het ons!
Dit boek is tot stand gekomen in nauwe samenwerking tussen Uta Meier en Mirjam Broekhoff. We streven ernaar een boek te maken dat nauw aansluit bij de behoeften van onze lezers. Heb je tips, vragen of suggesties voor dit boek? Neem dan contact met ons op via één van de volgende e-mailadressen:
ump@umpresearch.com;
mirjam.broekhoff@tiscali.nl.

We wensen je veel plezier met het opzetten, verbeteren en (laten) uitvoeren van kwalitatief marktonderzoek!

Uta Meier en Mirjam Broekhoff,
Nijmegen, Dieren, winter 2011

Inhoud

1	**Wat is kwalitatief marktonderzoek?** *11*	
1.1	Kwalitatief marktonderzoek *12*	
1.2	Wanneer kwalitatief onderzoek? *13*	
1.3	Van onderzoeksvraag naar onderzoeksplan *16*	
1.4	Opdrachtverlening *25*	
1.5	Het onderzoeksproces *26*	
2	**Voorbereiding en organisatie** *31*	
2.1	Zoeken naar een onderzoekslocatie *32*	
2.2	Werving en selectie van respondenten *36*	
2.3	Opstellen van de checklist *42*	
2.4	Gespreksklaar maken van de onderzoeksruimte *43*	
3	**Het individuele interview** *49*	
3.1	Inleiding *50*	
3.2	Verbale communicatie *51*	
3.3	Non-verbale communicatie *56*	
3.4	Gezichtsuitdrukkingen *57*	
3.5	Lichaamstaal *59*	
3.6	Stem *62*	
3.7	Uiterlijk en kleding *62*	
3.8	Het verloop van een interview *63*	
4	**De groepsdiscussie** *67*	
4.1	Hoe werkt een groepsdiscussie? *68*	
4.2	Het leiden van een groepsdiscussie *72*	
4.3	Ondersteunende activiteiten om de discussie te leiden *74*	
4.4	Het plannen van de groepsdiscussie *76*	
4.5	Waarom een checklist? *76*	
4.6	Het opstellen van een checklist *78*	
4.7	Casus: het pretesten van communicatiemateriaal *81*	
5	**Projectieve technieken** *87*	
5.1	Werken met projectieve technieken *88*	
5.2	De workshop *88*	
5.3	Het rollenspel *89*	
5.4	Hardop denken *90*	
5.5	Collages *90*	
5.6	Cartooning en thought bubbles *92*	
5.7	Personificatie *94*	
5.8	Fotosoort en moodboards *95*	
5.9	Waardebeelden *97*	
5.10	Storytelling *99*	

6	**Andere vormen van kwalitatief onderzoek** *103*	
6.1	Drie-stappentest *104*	
6.2	Sorteer- en selectietechnieken *105*	
6.3	Online kwalitatief onderzoek *106*	
6.4	De versnellingskamer *108*	
6.5	Delphi-onderzoek *109*	
6.6	Observeren *110*	
6.7	Mystery shopping *112*	
6.8	Spelen *113*	
6.9	Social media onderzoek *115*	
7	**Uitwerking en analyse** *119*	
7.1	Bronmateriaal voor analyse *120*	
7.2	De eigenlijke analyse *124*	
8	**Rapportage van kwalitatief onderzoek** *131*	
8.1	Type rapport *132*	
8.2	Opbouw en indeling *133*	
8.3	Het raamwerk maken *134*	
8.4	De inleiding op je rapport *136*	
8.5	Beschrijven van de resultaten *141*	
8.6	Last but not least: samenvatting en conclusies *142*	

Literatuuroverzicht *145*

Register *147*

Over de auteurs *149*

Wat is kwalitatief marktonderzoek?

1.1 Kwalitatief marktonderzoek
1.2 Wanneer kwalitatief onderzoek?
1.3 Van onderzoeksvraag naar onderzoeksplan
1.4 Opdrachtverlening
1.5 Het onderzoeksproces

In dit hoofdstuk ga je kennismaken met het werkveld 'kwalitatief marktonderzoek'. In de eerste paragrafen (1.1 en 1.2) gaan we na wat kwalitatief onderzoek nu precies is. We gaan in op vragen als 'Wat is het verschil met kwantitatief onderzoek?', 'Waarom zet men deze onderzoeksvorm in?' en 'Wat is de waarde van de onderzoeksuitkomsten?' We bekijken welke onderzoekssituaties en problemen het beste aangepakt kunnen worden met een kwalitatieve methode. In paragraaf 1.3 komt aan bod hoe een onderzoeker afbakent en definieert waar het onderzoek over moet gaan. In de praktijk is dat heel belangrijk: een te brede onderzoeksvraag leidt zelden tot bruikbare informatie. Onderzoek waarbij de doelstellingen onduidelijk zijn, de doelgroep niet goed is afgebakend, de deelvragen vaag blijven of het onderzoeksvoorstel incompleet is, zal vaak mislukken. In paragraaf 1.4 bespreken we de situatie dat een onderzoek wordt uitgevoerd als project of in opdracht van een klant. Ten slotte maakt paragraaf 1.5 duidelijk uit welke fasen het onderzoek bestaat en hoeveel tijd er voor het onderzoek moet worden uitgetrokken.

1.1 Kwalitatief marktonderzoek

Er zijn drie vormen van marktonderzoek: kwantitatief, kwalitatief en deskresearch. Van alle onderzoekswerkzaamheden is ongeveer 55% kwantitatief, 35% kwalitatief en 10% deskresearch. Het kwalitatief marktonderzoek speelt dus een grote rol. Toch denken mensen bij het woord 'marktonderzoek' al snel aan enquêtes. Dat komt omdat we als consument overspoeld worden met vragenlijsten. Het kwalitatief onderzoek, in de vorm van groepsdiscussies, persoonlijke interviews en workshops is veel minder zichtbaar in het dagelijks leven.

1.1.1 Wat is kwalitatief marktonderzoek?

Een algemeen aanvaarde definitie van marktonderzoek is het 'objectief en systematisch informatie verzamelen over bepaalde markten of klanten met het doel om inzichten te verkrijgen en gefundeerde beslissingen te nemen' (Kooiker e.a., 2011). Ook bij kwalitatief onderzoek zoekt men objectief en systematisch naar informatie. Het *doel* van deze specifieke vorm van onderzoek is inzicht te krijgen in de wensen, gevoelens, het gedrag bij gebruik of aankoop, de opvattingen en houding van mensen ten aanzien van een bepaald merk, product of dienst. Over het algemeen maakt men hierbij gebruik van diepte-interviews en groepsdiscussies.

Kenmerkend van kwalitatief marktonderzoek is dat dit *kleinschalig* is. Er is sprake van een kleine steekproef, meestal tussen de 15 en 40 personen. Deze vorm van onderzoek is *niet representatief* voor een bepaalde doelgroep: het is zelfs niet de opzet. De onderzoeker zal de doelgroep van het onderzoek wel heel nauwkeurig omschrijven en vervolgens zorgvuldig een aantal goede deelnemers selecteren. Hij of zij doet dit met de bedoeling een groep deelnemers te vinden die samen een zo volledig mogelijk beeld geven van alle mogelijke meningen en ervaringen die rond het onderwerp van onderzoek bestaan. Kwalitatief onderzoek meet niet maar verschaft wel diepgaand inzicht in het onderzochte onderwerp (bewerkt naar De Ruyter en Scholl, 2005).

Kwalitatief marktonderzoek is een kleinschalige vorm van marktonderzoek met als doel inzicht te krijgen in de motieven en emoties van mensen. Deze vorm van onderzoek is niet representatief van opzet en streeft dat ook niet na.

1.1.2 Kwantitatief versus kwalitatief onderzoek

Kwantitatief onderzoek heeft als doel betrouwbare cijfers te verzamelen over een onderzoekspopulatie. 'Meten is weten' is een kenmerkende uitspraak voor deze vorm van onderzoek. Bij kwalitatief onderzoek gaat het erom dat de onderzoeker en de opdrachtgever inzicht verkrijgen. Het doel is nooit 'harde cijfers' op te stellen. Kwalitatief onderzoek wordt vaak opzichzelfstaand uitgevoerd. In de volgende paragraaf vind je daarvan een aantal voorbeelden. Het komt ook voor dat kwalitatief onderzoek wordt ingezet als voorfase voor een kwantitatief onderzoek. Men begint dan eerst met kwalitatief onderzoek dat inzicht geeft in de aard van het probleem, de wensen van consumenten en hun keuzeproblemen. Vervolgens gaat men in een grootschalig kwantitatief onderzoek cijfers verzamelen om te toetsen wat de omvang is van de onderzochte verschijnselen. Bijvoorbeeld een onderzoek naar de positionering van consumptie-ijs. Eerst wordt een kwalitatief onderzoek gedaan naar de beleving, de aankoop en de gedachten over losse ijsjes. Hieruit komt onder andere naar voren dat mensen liever geen ijs eten omdat ze bang zijn er dik van te worden. Sommige respondenten denken daarbij dat waterijs niet 'slecht is voor de lijn', maar roomijs wel. In een kwantitatief vervolgonderzoek wordt nu nagegaan hoeveel consumenten daadwerkelijk zo denken. Dit onderzoek brengt in kaart hoeveel procent van de mensen dit denkt en maakt inzichtelijk of er verschillen zijn tussen de verschillende groepen zoals tussen mannen en vrouwen, verschillende leeftijdsgroepen en mensen met ondergewicht, een gezond gewicht of overgewicht. Uit dit onderzoek komen duidelijke cijfers en percentages per doelgroep.

Mengvormen van onderzoek
Met de opkomst van het internet ontstaan er onderzoeksvormen op het grensvlak van kwalitatief en kwantitatief onderzoek. Denk bijvoorbeeld aan webmining waarbij duizenden teksten van internet worden verzameld en geanalyseerd. Ook het analyseren van tekstberichten via Twitter, op sociale netwerken en andere kanalen ligt op dit grensvlak. Deze onderzoeksvormen zijn kwalitatief als het erom gaat inzicht te krijgen in de breedte en diversiteit aan wensen en behoeften van mensen. Zo kan door webmining duidelijk worden dat consumenten heel andere zaken belangrijk vinden bij aankoop van een product dan de fabrikant denkt. Er is hier sprake van kwantitatief onderzoek als het doel is te meten, bijvoorbeeld: hoeveel procent van de uitspraken over onze organisatie is positief en hoe heeft dit percentage zich ontwikkeld ten opzichte van vorig jaar.

1.2 Wanneer kwalitatief onderzoek?

Kwalitatief onderzoek wordt vooral ingezet bij de volgende vraagstukken:
- het achterhalen van consumentenbehoeften;
- het testen van nieuwe producten en verpakkingsontwerpen;
- het pretesten van campagnes (tv-spotjes, printadvertenties, banners, websites, radioreclame);
- inzicht krijgen in problemen rond service en dienstverlening;
- het positioneren van een bedrijf of merk;
- inzicht krijgen in de associaties en gevoelens bij een merk, product of dienst;
- cocreatie: consumenten laten meedenken over productinnovatie;
- inzicht krijgen in de wensen en behoeften van bepaalde doelgroepen;
- verkennend marktonderzoek;
- testen van vragenlijsten.

Op de website www.kwalitatiefmarktonderzoek.noordhoff.nl vind je voorbeelden van rapporten over kwalitatief marktonderzoek.

In dit boek onderscheiden we twee hoofdvormen van kwalitatief marktonderzoek: individuele interviews (hoofdstuk 3) en de groepsdiscussie (hoofdstuk 4). Binnen deze gespreksvormen kan de onderzoeker tal van hulpmiddelen inzetten om te komen tot een goed resultaat. Binnen elke onderzoeksvorm kunnen allerlei methoden en technieken worden ingezet. Dat zijn bijvoorbeeld technieken waarmee de respondenten aan het denken worden gezet, zoals het maken van een collage, het vertellen van verhalen (storytelling), en een associatietest. Ook kunnen de uitspraken en gedragingen van de respondenten op allerlei manieren worden geanalyseerd, zoals met behulp van laddering. Dit behandelen we in hoofdstuk 5 en 6. In deze inleiding leggen we kort uit hoe de belangrijkste vormen van kwalitatief marktonderzoek er in de praktijk uitzien.

1.2.1 De groepsdiscussie

Het kenmerk van een groepsdiscussie is dat een aantal mensen uit een bepaalde doelgroep bij elkaar gaat zitten. Onder leiding van een discussieleider bespreken ze vragen of stellingen. Een discussiegroep kan gewoon alleen maar 'praten'. De bijeenkomsten worden vaak levendiger en interessanter door het gebruik van technieken zoals brainstormen, collages maken, zin afmaaktesten, knutselen, een rollenspel, een object meenemen en hierover vertellen. Het voordeel van een groepsdiscussie is dat mensen elkaar inspireren en op ideeën brengen. Hierdoor krijgt de onderzoeker snel interessante informatie boven tafel. De opdrachtgever kan vaak meekijken via een gesloten videosysteem. Daardoor krijgt hij informatie uit de eerste hand. Groepsdiscussies zijn minder geschikt om gevoelige, persoonlijke of beladen onderwerpen te bespreken. Zo zullen mensen bij het onderwerp 'overgewicht' vaak niet eerlijk zeggen wat ze eten en waarom. In een groep geeft men snel 'sociaal wenselijke' antwoorden.

De deelnemers aan een groepsdiscussie werken aan een opdracht

1.2.2 Het individuele interview

Bij een individueel interview spreekt de onderzoeker diepgaand met de onderzochte (respondent). Meestal doet hij dit bij de persoon thuis of – als het om professionals gaat – op de werkplek. De respondent moet zich zo veel mogelijk op zijn gemak voelen. Binnen het interview kunnen allerlei technieken worden ingezet, zoals antwoordkaartjes, fotosets, videobeelden, geluidselementen of concrete opdrachten zoals 'Kijk in uw kast hoeveel spijkerbroeken u bezit.' Tijdens een persoonlijk interview kan de onderzoeker producten tonen of zelfs laten uitproberen. Individuele interviews zijn heel geschikt om inzicht te krijgen in wensen en voorkeuren. Mensen zijn bereid om zichzelf meer bloot te geven. Een nadeel van individuele interviews bij de respondent thuis is dat de opdrachtgever er niet zelf bij aanwezig is. Deze krijgt minder directe informatie over de beleving van de respondent: een verslag is minder levendig dan het beeld van een respondent die zelf zijn verhaal vertelt. Een andere beperking van deze onderzoeksvorm is dat het gedrag van een consument niet altijd correct in beeld komt. Als de consument zich ergens niet van bewust is, bijvoorbeeld hij weet niet dat de zenders op zijn televisie verkeerd zijn ingesteld, dan kan hij ook geen goede antwoorden geven. Ook gedrag waarvoor de respondent zich eigenlijk schaamt (een zak chips leeg eten voor de televisie) blijft buiten beeld. Observatie door de onderzoeker kan vaak meer informatie geven over daadwerkelijk gedrag.

1.2.3 Observatie van gedrag

In gesprekken, of het nu diepte-interviews zijn of groepsdiscussies, krijg je alleen te horen wat de consument denkt dat hij doet. Vaak zijn mensen zich echter niet bewust van hun werkelijke gedrag. Soms spelen ook sociale 'gevoeligheden' een rol: de consument geeft liever niet toe dat hij zich op een bepaalde manier gedraagt. Denk bijvoorbeeld aan een onderzoek waarbij je wilt nagaan of men het afval zoals glas en plastic gescheiden inzamelt. Niet veel mensen zullen toegeven dat ze dit in de praktijk echt niet doen of er zich weinig aan gelegen laten liggen. In dat geval is het observeren van gedrag een goede manier om inzicht te krijgen.

Bij een pretest laat men meestal de opzet voor een reclamecampagne of een conceptspotje zien aan een groep consumenten met verschillende achtergronden. Daarna wordt aan de verschillende deelnemers ieder hun mening gevraagd. Dit vindt plaats in een teststudio. Het doel van een pretest is enerzijds om te bekijken of de uiting de doelgroep aanspreekt en anderzijds om na te gaan of de uiting geen negatieve gevoelens oproept bij andere mensen. In hoofdstuk 4 geven we hiervan een duidelijk voorbeeld.

Tegenwoordig is het mogelijk om via internet groepsdiscussies te organiseren. Dat is vooral interessant als de opdrachtgever houdt van nieuwe technologie, als het gaat om internettoepassingen zoals het evalueren van een website, als je snel toegang kunt krijgen tot een geschikte groep respondenten of als het een bezwaar is om respondenten te laten reizen. Marktonderzoeksexpert Ray Poynter legt in zijn boek *Handbook of online and social media research* (Poynter, 2010) uit dat uit verschillende onderzoeken blijkt dat dit onderzoek inhoudelijk dezelfde waarde heeft als kwalitatief marktonderzoek waarbij mensen fysiek aanwezig zijn. Het houden van een online onderzoek heeft duidelijke voor- en nadelen. Voordelen zijn dat de respondenten niet hoeven te reizen, dat het een goed middel is om onderzoek te doen in meerdere landen, dat mensen vaak eerlijker zijn en dat er dus minder sprake is van 'sociaal wenselijke antwoorden'. Nadelen zijn er ook: deze vorm van onderzoek vraagt een goede technische infrastructuur (je wilt niet dat de verbinding halverwege wegvalt). Daarnaast is er minder persoonlijk contact mogelijk waardoor de groepsleden elkaar niet sterk inspireren en is het bijna niet mogelijk om projectieve technieken in te zetten. De kwaliteit van de moderator (de gespreksleider) heeft nog veel meer invloed op de kwaliteit van het onderzoek dan het geval is bij een fysiek groepsgesprek.

> **Tip**

Goede bureaus vinden

Kwalitatief marktonderzoek is, net zoals marktonderzoek, geen beschermde titel. De betere bureaus zijn aangesloten bij de marktonderzoekassociatie (MOA - www.moaweb.nl). Op hun website vind je onder leveranciers een overzicht van alle bureaus in Nederland. Je kunt daarbij filteren op het soort marktonderzoek: kies hier 'kwalitatief marktonderzoek'.

In de online MOA bedrijvengids kun je bureaus selecteren

1.3 Van onderzoeksvraag naar onderzoeksplan

Succesvol marktonderzoek komt alleen tot stand als voor de opdrachtgever en voor de onderzoeker volkomen duidelijk is waar het onderzoek voor dient. Vooraf moeten zij daarom met elkaar bespreken wat de aanleiding is voor het onderzoek. De opdrachtgever omschrijft welke marketingproblemen er spelen en hoe deze opgelost kunnen worden. Hij moet duidelijk aangeven over welke doelgroepen hij informatie wil krijgen en wat voor soort informatie hij zoekt. Het kan bijvoorbeeld gaan om het aanpassen van de huidige fietsmodellen voor jongeren in de leeftijd 15-25 jaar. De opdrachtgever moet dan duidelijk aangeven of hij wil dat het onderzoek ideeën oplevert of dat een aantal nieuwe concepten wordt getest.

Om de onderzoeksvraag helder te krijgen kun je als onderzoeker gebruikmaken van de zes W-vragen. Ga na of je een helder antwoord kunt geven op ieder van deze vragen.
1. *Wat* is het marketingprobleem?
2. *Waarom* heeft de organisatie informatie nodig om tot een oplossing te komen?
3. *Welke* klanten wil men met het product of de dienst bedienen?
4. *Welke* mogelijkheden zijn er om dit probleem op te lossen binnen de middelen, techniek en kennis van het bedrijf?
5. *Wanneer* moet het onderzoek klaar zijn?
6. *Wie* zijn er binnen de organisatie verantwoordelijk voor een goede beslissing?

1.3.1 De briefing

Opdrachtgevers benaderen vaak één of meer bureaus met het verzoek om een voorstel uit te brengen. Het uitbrengen van zo'n onderzoeksvoorstel gebeurt altijd op basis van een mondelinge of schriftelijke toelichting op het hoe en waarom van het onderzoek, in vakjargon: 'de briefing'. Deze term stamt uit het Engels en betekent letterlijk 'instructie'.

Het 'briefen' van onderzoekers kan op verschillende manieren plaatsvinden. Zo kan een opdrachtgever ervoor kiezen om één dan wel meer onderzoeksbureaus uit te nodigen voor een mondelinge briefingbijeenkomst. Tijdens deze bijeenkomst voorziet de opdrachtgever de aanwezige onderzoekers van relevante achtergrondinformatie over het bedrijf of de organisatie, gevolgd door een uitgebreide toelichting op het onderzoek. De opdrachtgever gaat in op de (directe) aanleiding voor het onderzoek. Hij of zij vertelt wat de centrale onderzoeksvragen zijn. Ook stelt hij een *deadline*: de uiterste datum waarop de gegevens verzameld moeten zijn. Daarnaast is er voor de onderzoekers gelegenheid tot het stellen van vragen.

Het nadeel hiervan voor de benaderde onderzoeksbureaus is dat het een investering in tijd én geld vraagt zonder dat ze verzekerd zijn van de opdracht. Immers, de opdrachtgever maakt pas een keuze wanneer hij of zij alle onderzoeksvoorstellen in huis heeft. In de praktijk wordt dan ook zelden gekozen voor een mondelinge briefingbijeenkomst. Veelal bestaat de briefing uit een korte telefonische toelichting op het onderzoek, gevolgd door een meer uitgebreide briefing via mail of post. In de schriftelijke briefingdocumenten staan de naam en adresgegevens van de contactpersoon bij de opdrachtgever voor eventueel aanvullende informatie.

De uitvoerigheid waarmee de opdrachtgever de onderzoeker(s) 'brieft', is sterk afhankelijk van zijn of haar kennis van, dan wel ervaring met onderzoek. Over het algemeen geldt: hoe meer kennis van onderzoek de opdrachtgever heeft, hoe gedetailleerder de briefing. Sommige opdrachtgevers voorzien hun briefing van een eerste onderzoeksopzet, die de onderzoekers verder in detail uitwerken.

Bij elke briefing geldt dat het enorm belangrijk is om de opdrachtgever goed 'uit te vragen'. Als er meer bureaus 'in de race' zijn voor een bepaalde opdracht dan gaat deze over het algemeen naar de partij die er in slaagt om de essentie van de vragen van de opdrachtgever door te dringen om deze vervolgens te vertalen naar een bruikbaar en betaalbaar onderzoek.

1.3.2 Het onderzoeksvoorstel

Als voor de onderzoeker voldoende duidelijk is wat de opdrachtgever precies wil, dan schrijft hij een onderzoeksvoorstel. Het doel van zo'n voorstel is goede afspraken te maken tussen de opdrachtgever en marktonderzoeker. Hiermee komt op papier te staan wat de opdrachtgever wil bereiken en hoe de onderzoeker daaraan bijdraagt. Dit voorkomt teleurstellingen achteraf. Verschillende professionals zullen hun onderzoeksvoorstel ieder op hun eigen manier uitwerken. De ene persoon schrijft het liefst een uitgebreid voorstel – de ander houdt het liever kort, de ene mens houdt van bloemrijk taalgebruik, de ander heeft een zakelijke schrijfstijl enzovoort. In ieder geval bevat een onderzoeksvoorstel de volgende elementen:
- Situatieschets
- Doelstelling van het onderzoek
- Onderzoeksvragen
- Specificatie onderzoeksmethode
- Omschrijving doelgroepen
- Tijdsplanning
- Begroting.

Hierna leggen we per element uit wat er in het onderzoeksvoorstel moet staan.

1.3.3 Situatieschets

Een onderzoeksvoorstel start altijd met een kernachtige uiteenzetting van de door de opdrachtgever aangedragen problematiek. Daarmee laat je zien dat je begrepen hebt welke vragen of problemen hebben geleid tot het verzoek om onderzoek. Ook vormt het de opstap voor het formuleren van de centrale onderzoeksvraag en deelvragen.

In de situatieschets geef je de volgende zaken weer:
- wat de achtergrond bij en/of de aanleiding tot het onderzoek is geweest;
- wat de status van het onderzoek is (eerste verkenning dan wel een vervolgonderzoek);
- wie het verzoek tot onderzoek heeft gedaan (organisatie, divisie, afdeling enzovoort);
- aan wie of wat het verzoek tot onderzoek is gericht (naam van organisatie).

In voorbeeld 1.1 zie je een voorbeeld van een situatieschets.

■ Voorbeeld 1.1 Situatieschets Belastingdienst

'Leuker kunnen we het niet maken, wel gemakkelijker.' De Belastingdienst is een belangrijk onderdeel van onze Nederlandse overheid. Deze ambtenaren moeten ervoor zorgen dat meer dan zes miljoen Nederlanders op tijd de juiste hoeveelheid belasting betalen. Daarnaast innen ze belastinggeld over omzet en winst bij ongeveer één miljoen Nederlandse ondernemingen in binnen- en buitenland. Hoewel men beschikt over goede geautomatiseerde systemen is er slechts beperkt menskracht beschikbaar bij de Belastingdienst. Daarom overweegt men om te gaan werken met gecertificeerde accountants. Dit zijn bureaus die zorg dragen voor een gegarandeerd juiste belastingopgave van bedrijven. Zij verwerven hiervoor een keurmerk. Na het behalen van dit keurmerk voert de belastinginspecteur een veel kleiner aantal controles uit. Dat creëert een win-winsituatie: de inspecteur hoeft minder taken uit te voeren en het bureau weet zeker dat eenmaal opgestelde aangiften altijd worden goedgekeurd.

Voordat men dit project gaat uitvoeren, wil de Belastingdienst weten hoe de huidige accountants denken over dit plan. Welke mogelijkheden zien ze om dit samen uit te voeren? Wat zijn naar hun idee problemen en struikelpunten in een dergelijke samenwerking? Op welke punten willen ze worden bijgeschoold? De afdeling Marketing en productontwikkeling van de Belastingsdienst heeft daarom besloten tot een verkennend kwalitatief marktonderzoek. Ze hebben aan drie bureaus, waaronder het onze, een offerte gevraagd om twintig diepte-interviews af te nemen bij kleine en middelgrote accountants, verspreid over Nederland.

1.3.4 De doelstelling van het onderzoek

Marktonderzoeksbureaus vermelden in een onderzoeksvoorstel niet altijd expliciet de doelstelling van het onderzoek. Ze beperken zich dan tot het vermelden van één centrale onderzoeksvraag, die wordt uitgewerkt in deelvragen. Ervaren marktonderzoekers weten daarmee ook wat de doelstelling is van het onderzoek, ze kunnen het onderzoek afbakenen en de richting bepalen. Studenten en beginnende onderzoekers beschikken nog niet over voldoende ervaring om dit in één keer te overzien. Zij doen er daarom goed aan de doelstelling wel expliciet uit te schrijven. Zo maken ze helder welke informatie het onderzoek gaat opleveren, hoe diep er wordt doorgevraagd, wat wel en wat niet tot het onderzoek behoort en wat het onderzoek voor informatie gaat opleveren. We maken daarbij onderscheid naar twee soorten doelstellingen. Dit zijn:
a de doelstelling *in* het onderzoek, oftewel: de onderzoeksdoelstelling; je beschrijft welke informatie het onderzoek moet opleveren;
b de doelstelling *van* het onderzoek, oftewel: de bedrijfsdoelstelling; je beschrijft wat de opdrachtgever kan met de uitkomsten van het onderzoek.

Ad a De doelstelling in het onderzoek
Met het benoemen van de doelstelling in het onderzoek geef je aan over welke informatie je na afloop van het onderzoek wilt beschikken. Omdat kwalitatief onderzoek veelal inzichtvormend van aard is, wordt het doel in het onderzoek vaak geformuleerd in termen van 'inzicht

verkrijgen in' en 'het inventariseren c.q. achterhalen van'. Ter illustratie enkele voorbeelden.
- Het verkrijgen van inzicht in de achtergronden van kennis, houding, gedrag en risicoperceptie van Nederlanders met betrekking tot de Olympische Spelen in 2012 te Amsterdam.
- Inzicht krijgen in de door kleine en middelgrote accountants gepercipieerde voor- en nadelen van de invoering van certificatie door de Belastingdienst.
- Achterhalen welke factoren een bevorderende dan wel belemmerende invloed hebben op het alcoholgebruik door jongeren.

Ad b De doelstelling van het onderzoek
Met de doelstelling van het onderzoek geef je aan op welke wijze de onderzoeksresultaten door de opdrachtgever gebruikt kunnen worden. Een onderzoeker heeft altijd een doel voor ogen en dat is dat de opdrachtgever gebaat is bij de uitkomsten van het onderzoek. Hij wil van concrete handreikingen worden voorzien voor het beantwoorden van een vraag, het oplossen van een probleem of het nemen van een beslissing. In het onderzoeksvoorstel wordt het doel van het onderzoek dan ook altijd met de volgende termen ingeleid.
- 'De opdrachtgever concrete handreikingen bieden voor...'
- 'De opdrachtgever van relevante input voorzien ten behoeve van...'

Bijvoorbeeld: 'Concrete suggesties geven aan de Belastingdienst voor de invulling van een certificeringstructuur voor kleine en middelgrote accountantskantoren.'

1.3.5 De onderzoeksvraag en de deelvragen

Ieder onderzoek kent één centrale vraag die je gaat beantwoorden door middel van een onderzoeksmethode. De centrale vraag en de deelvragen moeten altijd in het onderzoeksvoorstel vermeld worden. Deze geven concreet en specifiek aan waar het onderzoek over gaat. Op basis van de centrale onderzoeksvraag werkt de onderzoeker een zo compleet mogelijke set deelvragen uit. Dit illustreren we aan de hand van het volgende voorbeeld.

■ **Voorbeeld 1.2 Onderzoeksvraag website studiefinanciering**
De Dienst Uitvoering Onderwijs (DUO) is verantwoordelijk voor de financiering van en informatievoorziening aan onderwijsvolgenden en onderwijsinstellingen. Deze dienst, bekend als 'Studiefinanciering' of 'IB-groep', informeert via haar website alle studenten over hun financiële rechten en hun plichten als onderwijsvolgenden. De site heeft tot doel de informatievoorziening over studiefinanciering goed te laten verlopen. Daarnaast wil zij hét loket zijn voor het aanvragen of wijzigen van studiefinanciering. De site richt zich vooral op studenten en hun ouders. De onderzoeksvraag luidt als volgt:

Hoe ervaren mensen uit de doelgroep studenten en hun ouders de website van DUO als het gaat om het vinden van informatie, het aanvragen van studiefinanciering en het doorvoeren van wijzigingen?

Op basis van deze vraagstelling formuleert de onderzoeker de volgende onderzoeksvragen.

- Op welke wijze bereiken de genoemde doelgroepen de website?
- Is de website voor de doelgroepen gemakkelijk te vinden?
- Hoe beoordeelt men de snelheid van de website? Indien hier problemen mee zijn: wat is de vermoedelijke oorzaak?
- Welke informatie zoekt men op de website? Zoekt men ook informatie die hier niet staat?
- Kunnen de doelgroepen de informatie over studiefinanciering gemakkelijk vinden? Zo nee, waarom niet en hoe zou dit kunnen verbeteren?
- Kunnen de doelgroepen informatie over het aanvragen en wijzigen van studiefinanciering gemakkelijk vinden?
- Hoe verloopt het aanvragen van studiefinanciering? Hoe vinden de doelgroepen dat dit verloopt? Zijn zij hierover tevreden of zouden ze zaken willen veranderen?
- Hoe verloopt het wijzigen van studiefinanciering? Wat zijn de ervaringen van de gebruikers van de site, als zij een aanvraag doen, informatie willen invoeren of wijzigen?
- Hoe ervaart men de structuur van de site?
- Wat is de 'look and feel' van de site (kleurstelling, lettertype, vormgeving, afbeeldingen enz.)?
- Is de verbinding met de site stabiel?
- Wie is volgens de doelgroepen de eigenaar van deze site? Herkent men de naam DUO?

... enzovoort.

Tip

Boomstructuur

Zet de onderzoeksvragen in een boomstructuur. Zo krijg je steeds weer nieuwe ideeën. Aan het eind zie je eenvoudig of de set vragen compleet is.

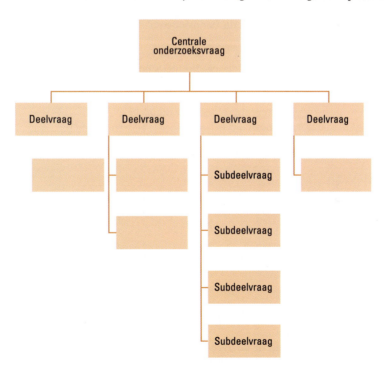

1.3.6 Methode van onderzoek

Een belangrijk onderdeel van je onderzoeksvoorstel betreft een beargumenteerde beschrijving van de te gebruiken methodiek. In het kader van kwalitatief onderzoek wordt meestal gekozen voor individuele interviews of groepsdiscussies. Daarnaast kun je ook gebruikmaken van de andere vormen die in dit boek worden genoemd.

1.3.7 De doelgroep van het onderzoek

De respondenten – de deelnemers aan het onderzoek – zijn meestal afkomstig uit bepaalde doelgroepen. Bijvoorbeeld: een fabrikant van wasmiddelen wil meer weten van de mensen die zelf wasmiddelen kopen en de mensen die zelf de was doen. De respondenten moeten daarop worden geselecteerd: het kan gaan om zowel vrouwen als mannen. Voorafgaand aan het onderzoek bespreken de onderzoeker en de opdrachtgever aan welke eisen de doelgroep moet voldoen. In de briefing staan daarvoor de eerste indicaties. De onderzoeker werkt deze exact uit in zijn onderzoeksvoorstel. We lichten dit toe aan de hand van het volgende voorbeeld.

■ **Voorbeeld 1.3 Item selectie en werving jongeren**
In opdracht van het ministerie van Volksgezondheid, Welzijn en Sport (VWS) is onderzoeksbureau Geel & Partners gevraagd een poster te testen. Deze poster, die deel uitmaakt van een nationale voorlichtingscampagne, is bedoeld om jongeren te attenderen op de schadelijke gevolgen van veelvuldig softdruggebruik. Tijdens de briefing legt de opdrachtgever het onderzoeksbureau uit dat het veelvuldig gebruik van softdrugs met name voorkomt onder lager opgeleide jongens in de leeftijd van 14 tot 20 jaar, hoofdzakelijk afkomstig uit de lagere sociale klassen. Tevens wordt uitgelegd dat het onterecht zou zijn om direct te denken aan jongeren van 'het type gabber'; het zijn juist vooral de 'hangjongeren' die zich te buiten gaan aan softdrugs.

Op basis van de door de opdrachtgever verstrekte informatie, heeft bureau Geel de volgende selectiecriteria én respondentenverdeling bepaald:
- in totaal 18 meisjes en jongens (n = 18);
- verspreid over de leeftijd 13-21 jaar;
- van lager tot middelbaar opgeleid;
- afkomstig uit de lagere sociale klassen (C en D);
- type 'hangjongere'.

	Opleiding	Leeftijd 13-17 jaar	Leeftijd 18-21 jaar	Totaal
Jongens (m)	vmbo	3	3	10
	mbo	2	2	
Meisjes (v)	vmbo	2	2	8
	mbo	2	2	
Totaal		9	9	18

Maak de doelgroep groot genoeg
Het komt voor dat de opdrachtgever of de onderzoeker een te kleine (te specifieke) doelgroep formuleert. Nederlandse vrouwelijke Porsche-rijders,

in de leeftijdscategorie 35-55 jaar, met een eigen inkomen van meer dan 60.000 euro netto en de intentie om de komende twee jaar een nieuwe Porsche te kopen. Denk daarom altijd vooraf even na over de vraag hoeveel mensen er ongeveer tot een doelgroep behoren en hoe je die zou kunnen vinden. In dit geval zal het meer realistisch zijn om de doelgroep te beperken tot vrouwelijke Porsche-rijders en vervolgens te kiezen voor hetzij een leeftijdsgroep, hetzij een inkomenseis. Het zal al behoorlijk lastig zijn om genoeg respondenten binnen die doelgroep te vinden.

1.3.8 Tijdsplanning

Een tijdsplanning is een onmisbaar element in het onderzoeksplan. De opdrachtgever wil zeker weten dat hij op een bepaald moment over de resultaten kan beschikken. Het onderzoek kent echter een bepaalde doorlooptijd: de standaard hiervoor is tien weken. De onderzoeker moet dus terugrekenen vanaf de gewenste einddatum. Daarbij moet hij rekening houden met feestdagen en vakanties. Rond de kerstvakantie is het bijvoorbeeld erg lastig om respondenten te krijgen. Ook plant hij met de opdrachtgever de momenten dat deze bij het onderzoek aanwezig is, de bespreking van de eerste uitkomsten, de conceptrapportage en een eventuele presentatie van de uitkomsten.

In figuur 1.1 geven we een voorbeeld van een planningsschema. Met behulp van Excel is een dergelijk overzicht vrij gemakkelijk op te stellen.

Figuur 1.1 **Voorbeeld tijdspad**

	Dec.	Week 52	Week 1	Week 2	Week 3	Week 4	Week 5	Week 6	Week 7	Week 8
Voorbereiding en organisatie	X									
Werving en selectie deelnemers	X									
Opstellen checklist		X								
Uitvoering interviews			X	X	X	X				
Analyse en rapportage							X	X	X	
Oplevering conceptrapportage									X	
Definitieve rapportage										X

1.3.9 Begroting

Zowel de opdrachtgever als de onderzoeker wil weten wat de kosten van een onderzoek zullen zijn. Enkele richtprijzen voor een volledig onderzoek, inclusief selectie van respondenten en een kort onderzoeksrapport zijn de volgende.

Vier groepsgesprekken € 10.000
Twintig diepte-interviews € 15.000
Vijf observatiebezoeken € 10.000
Een complete consumentensafari voor 10 medewerkers € 20.000
Tekstanalyse van 4000 uitingen € 5.000

Dit zijn totaalprijzen. Het is gebruikelijk om de kosten te specificeren. Dat doen marktonderzoekers op basis van een uurtarief. Daarbij worden opgeteld de aparte kosten voor het gebruik van de ruimte, vergoedingen voor de respondent, eventuele wervingskosten voor respondenten enzovoort. Voor ervaren onderzoekers rekent het bureau €85 tot €150 per uur. Voor notulisten en onderzoeksassistenten wordt een lager tarief gerekend, vaak €30 tot €50 per uur. In tabel 1.1 geven we een gespecificeerde begroting voor het houden van dertig interviews.

Tabel 1.1 Gespecificeerde begroting kosten dertig interviews (60 min. op locatie)

	Uren	Tarief	Totaal
Voorbereiding			
Opstellen checklist	8	€ 100	€ 800
Werving en planning respondenten	30	€ 55	€ 1.650
Uitvoering			
Uitvoering interviews (75 min × 30)	38	€ 100	€ 3.800
Reistijden interviews (50% uurtarief)	30	€ 50	€ 1.500
Vergoeding respondenten	30	€ 35	€ 1.050
Uitwerking notulen of opnames	45	€ 30	€ 1.350
Rappportage			
Analyse	12	€ 100	€ 1.200
Rapport schrijven	32	€ 100	€ 3.200
Overige kosten			
Projectbegeleiding	4	€ 100	€ 400
Overleg/presentatie	6	€ 110	€ 660
Onkosten en reiskosten	1	€ 500	€ 500
Drukkosten	1	€ 150	€ 150
Totaal excl. btw			**€ 16.260,00**
BTW 19%			€ 3.089,40
Totaal incl. btw			**€ 19.349,40**

Reken alleen gewerkte uren
Iedere werknemer heeft 'verloren tijd': telefoon opnemen, vergaderen, een praatje maken, het papier in de kopieermachine vervangen enzovoort. Je mag echter alleen de uren in rekening brengen dat hij echt aan het werk is.

Vergoeding voor de respondent
Het is gebruikelijk om deelnemers aan groepsgesprekken een vergoeding te geven voor de reiskosten. Daarnaast zal men vaak een bedrag betalen voor de deelname zelf. Hoe hoog dat bedrag is, verschilt per onderzoek. Het hangt af van de volgende vragen:
- Hoe leuk is het onderzoek? Bijvoorbeeld: 'pretparken' zijn een leuker onderwerp dan 'nieuwe verzekeringsproducten'.
- Heeft de onderzochte veel of weinig tijd? Bijvoorbeeld een gepensioneerde zal een lagere vergoeding krijgen dan een medisch specialist.

- Heeft het onderzoek een maatschappelijk doel? Mensen zullen eerder bereid zijn om gratis mee te werken aan een onderzoek naar het basisonderwijs dan aan een onderzoek voor een bank.

Vergoedingen kunnen lopen van enkele tientjes voor respondenten uit bijvoorbeeld de groep 'werklozen' tot meer dan €125 per gesprek voor bijvoorbeeld 'huisartsen'.

1.4 Opdrachtverlening

In deze paragraaf bespreken we op basis van welke factoren opdrachtgevers bepalen aan welk bureau het onderzoek wordt uitbesteed. Ook beschrijven we wanneer een opdracht tot onderzoek definitief is.

Welk bureau krijgt de opdracht?
Opdrachtgevers vragen gemiddeld drie bureaus een onderzoeksvoorstel uit te brengen. Soms is men bekend met (één van) deze bureaus, maar niet altijd. In dat geval wordt de vraag 'Welk bureau krijgt de opdracht?' niet alleen beantwoord door te kijken naar de aantrekkelijkheid en betaalbaarheid van het voorgestelde onderzoek, maar spelen ook de uitstraling en betrouwbaarheid van het bureau een grote rol. Het beroep van marktonderzoeker valt onder de 'vrije beroepen' en is niet beschermd. Dat wil zeggen dat in principe iedereen zich als marktonderzoeker kan opwerpen, zonder over de daarvoor benodigde kwalificaties en/of competenties te beschikken. Om te achterhalen of er sprake is van een bekwaam en integer bureau, is aansluiting bij een (inter)nationaal erkende branchevereniging voor veel opdrachtgevers een eerste criterium. Wanneer een onderzoeksbureau is aangesloten bij de Europese Vereniging voor Opinie- en Marketing Onderzoek (ESOMAR) en/of bij de MarktOnderzoekAssociatie (MOA) dan is het bureau relatief serieus bezig met het vak marktonderzoek.

In de praktijk vragen opdrachtgevers vaak referenties en een recent overzicht van opdrachtgevers waarvoor in de afgelopen jaren is gewerkt. Op basis hiervan ziet de opdrachtgever hoeveel ervaring het bureau heeft met het verrichten van kwalitatief onderzoek.

Het is zeker niet zo dat een groot bureau altijd de beste kwaliteit biedt. Juist kleine onderzoeksbureaus kunnen vaak snel, flexibel en relatief goedkoop werken. Veel bureaus zijn opgericht door zeer ervaren onderzoekers, die – anders dan bij de grote bureaus – het onderzoekstraject van begin tot eind zelf uitvoeren. Een nadeel van het werken met kleine bureaus is de kwetsbaarheid: als de onderzoeker ziek of overbelast wordt, wie vervangt deze dan? In de praktijk lossen bureaus dit op door samen te werken in netwerken. Hierin wisselen zij kennis en informatie uit, maken gebruik van elkaars specifieke kennis en kunnen elkaar zo nodig aanvullen of vervangen. Voor een opdrachtgever is het zinvol om juist een bureau te kiezen dat ook zo werkt.

Tip

Op de hoogte blijven
Kwalitatieve marktonderzoekers wisselen onder andere kennis uit via LinkedIn. Zoek naar deze groep en sluit je aan. Wie als professionele

marktonderzoeker werkt, zal vaak lid zijn van de MarktOnderzoeksAssociatie (MOA). Binnen de vereniging is een specifieke vakgroep voor kwalitatief marktonderzoek opgericht.

Wanneer is de opdracht definitief?
De mededeling dat het onderzoeksvoorstel is geaccepteerd, gebeurt meestal in de vorm van een kort telefoongesprek. Over het algemeen motiveert de opdrachtgever zijn keuze even kort. De onderzoeker bedankt voor het vertrouwen dat de opdrachtgever in hem of haar stelt. Daarna gaan beiden over tot 'de orde van de dag' en worden de eerste afspraken vastgelegd. Je zou dan ook denken dat de opdrachtverlening daarmee 'officieel' is.

Toch doe je er verstandig aan de opdrachtgever te vragen om een schriftelijke accordering van het onderzoeksvoorstel. Want wat gebeurt er als de opdrachtgever ineens failliet wordt verklaard en jij al een start met de onderzoeksactiviteiten hebt gemaakt? Zonder een schriftelijke bevestiging van de gemaakte afspraken kun je fluiten naar je geld. Ook wanneer je contactpersoon wegvalt door bijvoorbeeld ontslag of ziekte, is het belangrijk dat je kunt terugvallen op schriftelijke afspraken die met deze persoon gemaakt zijn. Ook voor de opdrachtgever is het zinnig om de opdracht schriftelijk te bevestigen. Sommige opdrachtgevers beschikken dan ook over een standaardovereenkomst – vaak aangevuld met specifieke leveringsvoorwaarden – die de onderzoeker moet ondertekenen, voordat de opdrachtverlening definitief is.

Geheimhouding
Als het nieuwe product gevoelig is voor namaak, dan wil de fabrikant dit graag als eerste op de markt brengen. Men vraagt patent aan en hoopt dat het enige tijd duurt voordat concurrenten tot de markt toetreden. Op die manier kan men enige tijd werken met een hogere prijs. De gunstige winst helpt de fabrikant om zijn investeringen in research en development terug te verdienen. Er is dus sprake van grote commerciële belangen. In zo'n geval treft men maatregelen om de geheimhouding te waarborgen. Gebruikelijk zijn de volgende afspraken:
- De onderzoekers verplichten zich tot geheimhouding ten aanzien van iedereen. Als zij deze niet nakomen, betalen ze een forse boete, bijvoorbeeld €25.000.
- De deelnemers aan de groepsdiscussie wordt vooraf gevraagd een formulier tot geheimhouding (letter of intent) te ondertekenen. Zij zijn juridisch aansprakelijk als zij toch bekendheid geven aan dit initiatief, product of productidee. Uiteraard geldt voor dit onderzoek een hogere vergoeding dan normaal voor respondenten.

1.5 Het onderzoeksproces

Een kwalitatief marktonderzoekstraject bestaat uit vier fasen: de voorbereiding op het onderzoek, de uitvoering daarvan, vervolgens analyse van de gegevens en tot slot de rapportage daarover. Over het algemeen omvat de doorlooptijd van elke onderzoeksfase één tot twee weken. Een kwalitatief onderzoekstraject beslaat daarmee een periode van zes tot twaalf weken.

In figuur 1.2 geven we het verloop van het onderzoeksproces schematisch weer. Ieder onderzoek doorloopt vier stappen: de Voorbereiding, de Uitvoering, de Analyse en de Rapportage. Kortweg noemen we dit: VUAR.

Figuur 1.2 **Het V-U-A-R-model**

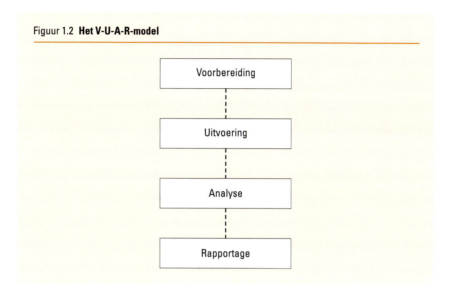

Voorbereiding: 1-3 weken
Wanneer je als onderzoeker het definitieve akkoord, ook wel genoemd de 'go' van de opdrachtgever hebt verkregen, ga je aan de slag met de voorbereidingen voor het onderzoek. Concreet betekent dit dat je op zoek gaat naar een onderzoekslocatie én naar mensen die aan het onderzoek willen meewerken. Ook moet je zorgen dat alle benodigdheden voor het onderzoek (ruim) op tijd klaarliggen.

Uitvoering: 1-4 weken
Wanneer alle benodigde voorbereidingen zijn getroffen, kan met het eigenlijke onderzoek worden gestart, dat wil zeggen: met het voeren van vraaggesprekken of het houden van groepsdiscussies. Afhankelijk van het aantal gesprekken dat moet plaatsvinden, beslaat deze periode van 'veldwerk' één tot vier twee weken. Twee (korte) groepsdiscussies waarbij de opdrachtgever aanwezig is, kun je op één dag plannen. Het afnemen van dertig diepte-interviews verspreid over het land zal echter al snel vier weken duren.

Analyse: 1-2 weken
Als alle gesprekken zijn afgerond, trekt de onderzoeker zich terug achter zijn bureau om de gesprekken nauwkeurig te analyseren. Wat is er door de respondenten bij de verschillende onderzoeksthema's gezegd? Wat betekent dit voor het beantwoorden van de onderzoeksvragen? De onderzoeker maakt voor de analyse gebruik van zijn eerste indrukken en ervaringen, maar bovenal van de schriftelijke dan wel audiovisuele verslaglegging van de gesprekken. In hoofdstuk 8 vertellen we hier meer over.

Rapportage: 2-4 weken
Wanneer de onderzoeker de uitkomsten van het onderzoek helder voor ogen heeft, rapporteert hij hierover aan de opdrachtgever. Vrijwel altijd gebeurt dit in de vorm van een schriftelijke rapportage. Het is gebruikelijk om eerst een conceptrapport te schrijven en dit te bespreken met de opdrachtgever. Naar aanleiding van dat gesprek wordt er een definitief rapport opgesteld. Dit duurt al snel enkele weken. Soms wordt er alleen mondeling gerapporteerd; dat gaat natuurlijk wel veel sneller.

Na het lezen van dit eerste hoofdstuk is duidelijk geworden wat kwalitatief marktonderzoek inhoudt. In de volgende hoofdstukken geven we aan hoe iedere fase kan worden doorlopen. We geven daarbij duidelijke uitleg en praktische tips, zodat je zelf onderzoek kunt doen. Met die kennis ben je ook goed toegerust om onderzoek – dat door een ander wordt uitgevoerd – aan te sturen, te begeleiden en te beoordelen.

Tip

Nieuwe ontwikkelingen
Op de website van de MarktOnderzoeksAssociatie MOA (www.moaweb.nl) kun je eenvoudig zoeken naar artikelen over nieuwe ontwikkelingen in kwalitatief marktonderzoek. Dit doe je met behulp van de ingang 'bibliotheek'.

Checklist
Kwalitatief onderzoek wordt vooral ingezet als de opdrachtgever (of jijzelf) meer inzicht wil krijgen in de gevoelens, motieven, gedachten, opvattingen en houding van mensen.

Er zijn veel verschillende onderwerpen mogelijk: het onderzoek kan zich richten op producten of diensten, op communicatie-uitingen, politieke voorkeuren, de werking van een vragenlijst, het evalueren van een website, enzovoort.

De twee hoofdvormen van kwalitatief onderzoek zijn groepsgesprekken en individuele interviews. Daarnaast zijn er andere vormen van onderzoek.

Kwalitatieve marktonderzoekers wisselen kennis uit via een LinkedIngroep. Zij ontmoeten elkaar ook via de vakgroep kwalitatief marktonderzoek van de MarktOnderzoeksAssociatie.

Het doen van kwalitatief onderzoek begint met het formuleren van één of meer heldere en toepasselijke onderzoeksvragen.

In de briefing laat de opdrachtgever weten wat voor onderzoek hij wenst en waarom. Als de briefing onvoldoende exact is, vraagt de onderzoeker door aan de hand van de zes W-vragen.
Het onderzoeksvoorstel heeft als doel duidelijke afspraken te maken over de inhoud en opzet van het onderzoek en de daadwerkelijke kosten.

Een onderzoeksvoorstel bevat altijd een aantal vaste elementen: de situatieschets, de doelstelling, de onderzoeksvragen, de methode, de doelgroepen, de tijdsplanning en de begroting.

Beschrijf de doelgroep van het onderzoek vooraf aan de hand van duidelijke criteria.

Een kwalitatief onderzoek behoort goed gepland te verlopen. Reken 10-12 weken doorlooptijd.

De kosten van kwalitatief onderzoek liggen meestal tussen de 5.000 en 20.000 euro.

Een onderzoek verloopt in vaste stappen: voorbereiding, uitvoering, analyse en rapportage.

Voorbereiding en organisatie

2

2.1 Zoeken naar een onderzoekslocatie
2.2 Werving en selectie van respondenten
2.3 Opstellen van de checklist
2.4 Gespreksklaar maken van de onderzoeksruimte

Voordat je het kwalitatieve onderzoek kunt uitvoeren, moet je eerst een aantal essentiële organisatorische voorbereidingen treffen.
Een belangrijke voorbereiding op het onderzoek is het bepalen en vastleggen van de plaats(en) en locatie(s) voor onderzoek. Hierbij is het belangrijk om vooraf goed na te denken over de randvoorwaarden en eisen die in het kader van de onderzoeksopzet aan de onderzoeksruimte(n) worden gesteld. In paragraaf 2.1 besteden we aandacht aan de zaken waarop je moet letten bij het zoeken naar een geschikte locatie.
Naast de locatie zijn ook respondenten nodig. Daarom laten we je in paragraaf 2.2 zien hoe je aan de juiste respondenten komt. We doen dit aan de hand van een uitgewerkt stappenplan, dat ook door officiële werving- en selectiebureaus wordt doorlopen.
Naast de organisatorische voorbereidingen zul je ook inhoudelijk het onderzoek moeten voorbereiden. In nauw overleg met de opdrachtgever bepaal je welke onderwerpen en vragen je aan de respondent wilt voorleggen, evenals de volgorde waarin en de wijze waarop je dat gaat doen. In paragraaf 2.3 zullen we beknopt beschrijven hoe het opstellen van de checklist is georganiseerd.
Tot slot bespreken we in paragraaf 2.4 alle overige voorbereidingen die bijdragen aan een goed verloop van het onderzoek. Je vindt er enkele tips en richtlijnen met betrekking tot de tafelopstelling en de klaar te leggen middelen en materialen.

2.1 Zoeken naar een onderzoekslocatie

Kwalitatief onderzoek kenmerkt zich door een vooraf georganiseerde ontmoeting tussen respondent en onderzoeker. Deze ontmoeting kan plaats hebben bij de respondent thuis of op het werk, maar liever op meer 'neutraal' terrein, zoals in vergadercentra, zalencomplexen of horecagelegenheden. Dit om te komen tot een zo geconcentreerd mogelijk onderzoeksvraaggesprek, zonder nadelige beïnvloeding van 'externe' factoren (in- en uitwandelende huisgenoten of collega's, telefoongerinkel, geklop op de deur en dergelijke).

Bedenk vooraf wat voor jouw onderzoek de meest geschikte onderzoekslocatie is. Interview je aan huis gebonden cliënten van een thuiszorgorganisatie? Of managers met een overvolle agenda met slechts hier en daar een klein gaatje voor een gesprek? Dan is de keuze voor de eigen woon- en/of werkomgeving van de respondent snel gemaakt.

Tip

Setting onderzoek
Als je onderzoek doet bij de respondent thuis of op het werk, maak dan vooraf goede afspraken over de gewenste setting (rust, aandacht, afzondering).

Zijn je beoogde respondenten minder beperkt in hun mogelijkheden? Dan is het zaak om, zodra de opdrachtverlening tot onderzoek definitief is, op zoek te gaan naar een geschikte onderzoekslocatie. Immers, pas wanneer je weet in welke plaats(en) en op welke locatie(s) het onderzoek plaatsvindt, kun je overgaan tot het werven en selecteren van respondenten.

Een aantrekkelijke onderzoeksruimte, op de beeldschermen zie je de meekijkfaciliteit

Belang van een goede locatie
Bij het zoeken naar een locatie met geschikte onderzoeksruimte(n) heb je keuze uit tal van mogelijkheden. Het is raadzaam om een nauwkeurige afweging te maken. Immers, een verkeerde keuze zal onherroepelijk leiden tot afbreuk van het aanzien en vertrouwen bij de opdrachtgever. Een moeilijk bereikbare locatie, een benauwde meekijkruimte, een gehorige onderzoeksruimte, een slechte catering; het zijn allemaal zaken die de opdrachtgever meeneemt in de totaalbeoordeling van het onderzoeksproject.

> **Tip**
>
> **Werkomgeving onderzoek**
> Als je onderzoek doet in het bedrijf zelf, bestaat het risico dat je niet ongestoord kunt werken: de telefoon gaat, collega's lopen binnen, de ruimte is rommelig, van buiten komt lawaai. Stel dit punt vooraf aan de orde en maak goede afspraken met de opdrachtgever over rust en ruimte voor je werk.

In deze paragraaf beschrijven we waaraan je moet denken en waarop je moet letten bij het zoeken naar een onderzoekslocatie. We zullen dit doen aan de hand van de volgende vier aandachtspunten:
1 doelgroep van het onderzoek;
2 beschikbare budget;
3 bereikbaarheid;
4 benodigde faciliteiten.

Ad 1 Doelgroep van het onderzoek
Een eerste belangrijk uitgangspunt voor het bepalen van de plaats(en) en locatie(s) voor onderzoek betreft de doelgroep van het onderzoek. Is het onderzoek, gezien de doel- en vraagstelling ervan, gebonden aan een specifieke regio of plaats? Of heeft het juist betrekking op meer regio's of wellicht op heel Nederland? Je kunt je indenken dat een onderzoek naar de werkdrukbeleving van Nederlandse politieagenten niet alleen bij korpsen in de grote steden moet plaatsvinden, maar ook bij die in de kleinere steden en dorpen. Doe je dit niet, dan krijg je een eenzijdig beeld.

Ad 2 Het beschikbare budget
Het maximaal te besteden bedrag zoals dat in de begroting van het onderzoeksvoorstel is vastgelegd, bepaalt mede de locatie(s) van het onderzoek. Overigens is een dure en exclusieve teststudio niet per definitie beter dan een sobere, goedkope locatie. De kwaliteit van de locatie wordt niet bepaald door wat het heeft gekost, maar door wat het opbrengt. Budgettaire overwegingen hangen dan ook altijd nauw samen met het doel en de aanpak die de opdrachtgever met het onderzoek voor ogen heeft. Wanneer je door de winkelketen Albert Heijn gevraagd bent om klanten te interviewen over de winkelformule, ligt een exclusief kasteel niet voor de hand. Want wat als de slogan 'Albert Heijn let op de kleintjes' ter sprake komt? Je kunt je de reacties al voorstellen. Heel anders is het geval, wanneer bijvoorbeeld de beheerder van een kasteel je vraagt te onderzoeken hoe hij de lokale bevolking meer kan betrekken bij de activiteiten op zijn kasteel. In dit geval is het juist een slimme zet om het onderzoek in het kasteel te laten plaatsvinden, zodat respondenten zien waar ze over praten. Door de toepasselijke entourage wordt het onderwerp van gesprek heel tastbaar en ontstaat er een levendige discussie.

Ad 3 Bereikbaarheid

Idealiter vindt het onderzoek plaats op een locatie die zowel voor jezelf als voor de opdrachtgever goed te bereiken is. Je moet er toch niet aan denken dat jij, dan wel de opdrachtgever, onderweg naar het onderzoek in een file belandt en niet op tijd bent voor het leiden of bijwonen van de geplande vraaggesprekken.

Actuele verkeersinformatie
Doe navraag bij de ANWB naar veelvoorkomende files op de Nederlandse wegen en kijk voor actuele verkeersinformatie op de site van de ANWB: www.anwb.nl/verkeer of google op 'verkeersinformatie' en files!

Wellicht nog belangrijker is je af te vragen of de beoogde plaats(en) en locatie(s) voldoende bereikbaar zijn voor de respondenten. Om hen bereid te vinden deel te nemen aan onderzoek, is het bieden van een financiële dan wel materiële vergoeding alleen niet afdoende; minstens zo belangrijk is te zorgen dat de onderzoekslocatie snel en makkelijk bereikbaar is. Zodra een potentiële respondent het gevoel heeft uren te moeten reizen of zoeken naar een parkeerplaats, haakt hij of zij af. Maar ook de onderzoeker ondervindt nadelen van een slecht bereikbare onderzoekslocatie. Immers, niets is zo vervelend dan op de dag van het onderzoek geconfronteerd te worden met respondenten die te laat en daardoor gestresst of gehaast komen binnenstormen. Om maar niet te spreken van die respondenten die enigszins verdwaald rondrijden en na een half uur besluiten om onverrichter zake huiswaarts te keren. Een goede bereikbaarheid is dan ook onontbeerlijk.

Bereikbaarheid locatie onderzoek
Bel voorafgaand aan het bespreken van de locatie met de afdeling publieksvoorlichting van de gemeente. Dit om te achterhalen of er ten tijde van het onderzoek gemeentelijke activiteiten plaatsvinden, die de bereikbaarheid van de locatie bemoeilijken. Vraag onder andere naar eventuele wegopbrekingen en/of routeomleidingen.

Nu kan het altijd voorkomen dat een onderzoekslocatie tijdelijk lastig bereikbaar is als gevolg van wegwerkzaamheden of routeomleidingen. Dit is vervelend, maar niet onoverkomelijk. Voorzie zowel de opdrachtgever als de respondenten van een alternatieve routebeschrijving of – in het uiterste geval – kijk uit naar een andere locatie.

Reisadvies locatie onderzoek
Kijk voor reisadvies met het openbaar vervoer op www.9292.nl. Automobilisten help je met een routeplanner zoals www.routenet.nl.

Tenzij je zeker weet dat alle respondenten met het openbaar vervoer komen, is het belangrijk om een locatie te zoeken met voldoende én betaalbare parkeergelegenheid in de directe omgeving.

Parkeermogelijkheden
Informeer bij de locatie naar de parkeermogelijkheden in de buurt. Omdat kwalitatief marktonderzoek vaak in de avonduren plaatsvindt, is het raadzaam ook te informeren naar de dan geldende parkeertarieven, evenals naar de eventuele sluitingstijden van parkeergarages. Niet alle parkeergarages zijn tot laat in de avond geopend.

Ad 4 Benodigde faciliteiten
Wanneer de locatie niet over alle benodigde faciliteiten beschikt die voor het onderzoek noodzakelijk zijn, zul je die zelf moeten verzorgen. In het kwalitatief marktonderzoek is het gebruikelijk om de gesprekken op beeld vast te leggen. De grotere marktonderzoeksbureaus beschikken vaak over eigen professionele onderzoeksruimten. Deze zijn voorzien van ingebouwde camera's die via de opname- en afspeelapparatuur in een aangrenzende kamer kunnen worden bediend. Echter, bij de meeste locaties zul je deze luxe niet aantreffen. In dat geval maak je gebruik van een camera met statief. Wanneer noch de beoogde locatie, noch jijzelf hierover beschikt, kun je deze ook huren bij een daarin gespecialiseerd bureau. Dat kan tevens zorg dragen voor het op- en afbouwen van de apparatuur.

Wil de opdrachtgever de gesprekken 'live' kunnen volgen, dan moet de locatie over een meekijkruimte beschikken, dan wel een ruimte die als zodanig kan worden ingericht. Meestal wordt hiervoor gebruikgemaakt van een gesloten videocircuit, maar soms ook zijn onderzoekslocaties toegerust met een one-way-screen. Dit is een eenzijdig spiegelraam in de afscheidingswand tussen de onderzoeks- en meekijkruimte. De meekijkers kunnen door dit raam precies zien wat er in de onderzoeksruimte gebeurt, maar de respondenten zien niet meer dan een spiegel.

Wil je de respondenten en de eventuele meekijkers tijdens het onderzoek van eten en drinken voorzien, vraag dan naar de cateringmogelijkheden. Ook kan het voorkomen dat respondenten gevraagd wordt hun mening te geven over nieuwe voedingsproducten en/of drankjes. In dat geval moet de onderzoeksruimte van een testkeuken zijn voorzien.

Maar ook moet je bedenken van welke (audio)visuele hulpmiddelen je tijdens het onderzoek gebruik wilt maken. Wil je beeldfragmenten aan de respondent(en) tonen, dan moet je wel beschikken over een dvd-recorder en een televisiemonitor. Wil je respondenten laten reageren op een website, dan moet je deze soms vanaf de pc of laptop via een beamer op een groot beeldscherm kunnen projecteren. Controleer of er een goede internetverbinding is. De meeste vergaderruimten beschikken standaard over een flip-over of whiteboard. Eventuele andere audiovisuele hulpmiddelen moeten veelal van tevoren worden besproken en worden dan ook apart in rekening gebracht.

> **Tip**
>
> **Faciliteitenonderzoek**
> Informeer bij de beoogde locatie(s) in hoeverre zij je van dienst kunnen zijn bij het verschaffen van de benodigde faciliteiten en vraag naar de kosten die daaraan zijn verbonden. Alleen zo kun je tot een goede offertevergelijking komen.

Het bespreken van de locatie(s)
Als duidelijk is welke locaties voldoen aan de gestelde eisen en randvoorwaarden, moet een definitieve keuze worden gemaakt. Dit doe je enerzijds op basis van beschikbaarheid en anderzijds op basis van een prijs-kwaliteitsoverweging. Soms heeft de opdrachtgever hierin een nadrukkelijke wens. Ook eventuele eerdere ervaringen met onderzoek in de beoogde locatie(s) zullen van invloed zijn op je beslissing. Wanneer eenmaal duidelijk is van welke locatie(s) je gebruik wilt maken, is het zaak om de reservering definitief te maken. Vraag de contactpersoon van

de locatie hierbij altijd om een schriftelijke bevestiging van de gemaakte afspraken; dit om de kans op misverstanden uit te sluiten.

Ook wanneer je besluit het onderzoek te laten plaatsvinden in daartoe geschikte ruimten binnen je opleidingsgebouw, is het belangrijk om de reservering en gemaakte afspraken formeel vast te leggen. Hiermee voorkom je dat medestudenten op dezelfde dag of hetzelfde tijdstip aanspraak menen te kunnen maken op het gebruik van die ruimte(n), waardoor je op het laatste moment alsnog op zoek zou moeten gaan naar een alternatieve ruimte.

2.2 Werving en selectie van respondenten

Zodra de onderzoeksdata en de locatie(s) zijn vastgelegd, is de volgende stap het nadenken over de wijze waarop je aan je respondenten komt. Voor elk onderzoek geldt dat de 'kwaliteit' van de respondenten bepalend is voor de uitkomsten van je onderzoek. In kwalitatief onderzoek speelt dit nog sterker dan in kwantitatief onderzoek. Omdat je bij kwalitatief onderzoek altijd werkt met een beperkt aantal respondenten, is een zorgvuldige uitvoering van de selectie en werving van respondenten essentieel. Je wilt tenslotte voorkomen dat je met respondenten aan tafel zit die alleen voor het geld blijken mee te doen ('de beroepsrespondent') en/of toch niet blijken te voldoen aan de gestelde steekproefeisen (leeftijd, geslacht en specifieke eisen). Het werven en selecteren van respondenten is dus meer dan 'even een bestandje opentrekken'; het is een professie op zich. Het zou dan ook erg pretentieus zijn om je in deze ene paragraaf alle 'ins and outs' van het vak te vertellen. Wel gaan we aan de hand van een uitgewerkt stappenplan bekijken hoe het proces van werving en selectie verloopt en we doen je daarbij enkele tips aan de hand.

Stappenplan

Het proces van werven en selecteren bestaat uit de volgende stappen:
1 het nagaan van geldende regels en procedures;
2 het opstellen van de selectiecriteria;
3 het benaderen van potentiële respondenten;
4 het sturen van een bevestigingsbrief;
5 een telefonische reminder.

In de volgende subparagrafen zullen we de diverse stappen nader toelichten.

2.2.1 Nagaan van geldende regels en procedures

Op initiatief van de vakgroep kwalitatief onderzoek van de MarktOnderzoekAssociatie (MOA) is in de jaren negentig van de vorige eeuw een aantal voorschriften opgesteld voor het werven en selecteren van respondenten. Dit om een halt toe te roepen aan respondenten die bij diverse selectiebureaus zijn ingeschreven en die onderzoek aanwenden als middel om geld te verdienen, de 'beroepsrespondent'. Maar ook om die respondenten van onderzoek uit te sluiten die vanuit hun professie te veel betrokken zijn bij onderzoek in het algemeen en/of de onderzoeksproblematiek in het bijzonder.

Algemeen geldende voorschriften die in dit kader zijn opgesteld, zijn:
- De respondent mag niet werkzaam zijn in de onderzoeks- of reclamebranche.
- De respondent mag de afgelopen twaalf maanden niet hebben deelgenomen aan een marktonderzoek over hetzelfde, dan wel soortgelijk thema/productveld.
- De respondent mag vanuit zijn professie geen belang hebben bij deelname aan het marktonderzoek.
- Respondenten die deelnemen aan eenzelfde onderzoek mogen elkaar bij voorkeur niet kennen (koppels, vrienden enzovoort).

Om te achterhalen of de beoogde respondent voldoet aan deze algemene voorschriften voor werving en selectie, doorloop je een selectievragenlijst. Dat is een korte telefonische enquête om erachter te komen of je de juiste persoon voor je hebt.

Procedure van het uitnodigen
Speciale aandacht betreft de procedure die je hanteert voor het uitnodigen van respondenten. Mag de respondent vooraf weten wie de opdrachtgever is of welk thema of product centraal staat? Of is het beter dit in eerste instantie niet te vertellen? In dat geval kun je besluiten de respondent (gedeeltelijk) verhuld uit te nodigen (voorbeeld 2.1).

■ **Voorbeeld 2.1 De gedeeltelijk verhulde uitnodiging voor Mars**
In opdracht van Mars werd een dertigtal proefpersonen gevraagd hun mening te geven over de kleur, geur, smaak en verpakking van een nieuwe candybar. Hierbij werd wel verteld dat het onderzoek ging om een nieuwe candybar, maar werd de opdrachtgever niet vermeld. De uitnodiging werd ingeluid met 'in opdracht van een Nederlandse snoepfabrikant …'

Procedure van het vergoeden
Meestal zal men de respondenten na afloop van het gesprek contant uitbetalen. Zorg daarom voor voldoende kasgeld in een enveloppe per respondent. Specificeer de kosten en laat de respondent een kwitantie voor ontvangst tekenen. De kwitanties zijn nodig om de administratie van het marktonderzoeksbureau op orde te houden: zonder kwitantie kunnen de vergoedingen niet als kostenpost in de boekhouding worden verwerkt.

Tip

Lijst respondenten
Maak een lijst van alle benaderde respondenten die zeggen te komen. Noteer naam (ook voornaam), adres, woonplaats, e-mailadres, telefoonnummer overdag én 's avonds. Zo kun je iedereen bereiken. Na afloop van het onderzoek moet je deze lijst, in verband met privacywetgeving, direct vernietigen of anonimiseren.

2.2.2 Opstellen van de selectiecriteria

Alvorens met het eigenlijke werven van respondenten te starten, is het belangrijk om eerst duidelijk voor ogen te krijgen wie je in het onderzoek wilt betrekken. Weliswaar heb je in de vraagstelling van je onderzoek reeds globaal aangegeven op wie het onderzoek zich richt, nu is het tijd om dit verder af te bakenen en te concretiseren. Ter verduidelijking geven we het volgende voorbeeld (voorbeeld 2.2).

■ **Voorbeeld 2.2 Dwarsdoorsnede bevolking onderzoek Nederlandse omroepzender**

Een Nederlandse omroepzender wil een serie televisieshows maken waarbij drie kandidaten met elkaar strijden om de hoofdprijs van een volledig verzorgde begrafenis, ongeacht wanneer deze zou plaatsvinden. Echter, gezien het extreem controversiële karakter van dit plan heeft de directie van de omroepzender besloten eerst een diepgaand onderzoek te laten verrichten naar de ideeën, opvattingen, wensen en behoeften die Nederlandse jongeren hebben ten aanzien van een dergelijke show. Een taak die werd toebedeeld aan marktonderzoekster Corinne Weel.

Samen met de opdrachtgever heeft Corinne besloten het onderzoek te verrichten onder jongeren in de leeftijd van 18 tot 28 jaar. Dit omdat uit eerder onderzoek is gebleken dat het merendeel van de kijkers naar deze omroepzender zich in deze leeftijdscategorie bevindt.

Daarnaast heeft Corinne, gezien het landelijk bereik van de omroepzender, de taak ervoor te zorgen dat de in het onderzoek betrokken jongeren een dwarsdoorsnede vormen van de totale Nederlandse jeugd in die leeftijdscategorie. Dit betekent dat zij rekening moet houden met de volgende criteria:
- spreiding naar geslacht (mannen en vrouwen);
- spreiding naar opleidingsniveau (hoger, middelbaar en lager opgeleid);
- spreiding naar stad en platteland;
- spreiding naar de mate waarin men liefhebber van 'controverse op tv' is.

Het is de wederzijdse verantwoordelijkheid van opdrachtgever en onderzoeker om te komen tot een nauwkeurige omschrijving van de kenmerken en criteria waaraan de respondenten moeten voldoen. Maar wees daarbij wel realistisch! Het te veel afbakenen van de beoogde doelgroep kan leiden tot een onuitvoerbare selectieopdracht.

2.2.3 Benaderen van potentiële respondenten

Zodra duidelijk is aan welke kenmerken, criteria en voorschriften de respondenten moeten beantwoorden, kan de zoektocht worden gestart. Een student zal dit meestal zelf doen. Meer gebruikelijk in het marktonderzoek is het inschakelen van professionele wervings- en selectiebureaus. We bespreken hier beide varianten.

Zelf doen

De meest gangbare procedure bij het werven en selecteren van respondenten, is hen telefonisch te benaderen met het verzoek tot medewerking aan het onderzoek. Hiervoor kun je een beroep doen op verschillende bronnen en/of kanalen, variërend van de Telefoongids en de Gouden Gids tot meer specifieke adresbestanden als ledenlijsten en/of klantenbestanden van je opdrachtgever.

Je kunt ook mensen op straat en in winkels aanspreken, of hen al dan niet gericht aanschrijven (uitnodigingsbrief, krantenadvertentie, onlineoproep, pop-ups). Uiteraard geldt ook hier dat bij aanmelding door respondenten nauwkeurig moet worden gecheckt of deze voldoen aan de algemene voorschriften voor werving en selectie.

Uitbesteden

Op de sites www.cgselecties.nl en www.bureaufris.nl vind je specifieke informatie over de werkwijze van selectiebureaus. Beide bureaus zijn aangesloten bij de Nederlandse Vereniging van Selectiebureaus voor Marktonderzoek (NVSM). Beschreven staan onder andere de gebieden of steden waar respondenten geselecteerd kunnen worden, specialisaties en overige dienstverlening als het leveren van gastvrouwen, tolken, notulisten of opname-apparatuur. Daar waar aanwezig wordt gelinkt naar de eigen websites van de leden.

Tip

Selectie-eisen

Op de website van de MarktOnderzoeksAssociatie vind je een checklist voor de selectie van respondenten. Google op selectie respondenten. Website: www.moaweb.nl.

De tarieven die selectiebureaus hanteren zijn afhankelijk van een aantal factoren, zoals:
- de termijn binnen welke moet worden geworven;
- de beoogde doelgroep;
- het soort onderzoek;
- het tijdstip en de tijdsduur van het onderzoek;
- de locatie van het onderzoek;
- of er wel of geen incentive te vergeven is.

Gemiddeld beginnen de prijzen bij 50 euro per geworven respondent, oplopend tot 100 euro of hoger voor respondenten uit het business-to-businesssegment.

Als je een wervings- en selectiebureau inschakelt, zul je deze van alle relevante selectie-informatie moeten voorzien. In het marktonderzoek spreken we hierbij over 'briefen'.

Een goede briefing bestaat uit ten minste de volgende elementen:
- korte achtergrondinformatie bij het onderzoek;
- de criteria voor werving en selectie (steekproefeisen en eventuele selectievragenlijst);
- de wijze van uitnodigen (verhuld, gedeeltelijk verhuld, nietverhuld);
- de hoogte van de respondentenvergoeding.

Hierna zie je een voorbeeld van een briefingsdocument.

Voorbeeld van een briefingsdocument

Korte achtergrondinformatie
Het ministerie van Binnenlandse Zaken en Koninkrijkrelaties (BZK) laat onderzoeksbureau Romers een kwalitatief onderzoek verrichten naar de meningen en gevoelens die inwoners van Den Haag, Amsterdam en Rotterdam hebben ten aanzien van het eventueel huisvesten van de Olympische Spelen in Nederland in 2018. Dit onderzoek zal plaatsvinden door middel van een zestal groepsdiscussies van elk twee uur. De doelgroep bestaat uit Nederlanders tussen de 18 en 75 jaar ('burgers') en zelfstandige ondernemers met minimaal vijf en maximaal vijftig personeelsleden (MKB'ers). De belangrijkste gegevens op een rijtje:

Datum	Tijd	Plaats	Groep
12 mei a.s.	17:00-19:00 uur	Mercure hotel Amsterdam	Burgers
	19:30-21:30 uur	idem	MKB'ers
14 mei a.s.	17:00-19:00 uur	Aristo Zalen Rotterdam	Burgers
	19:30-21:30 uur	idem	MKB'ers
16 mei a.s.	17:00-19:00 uur	Flexpoint D-H	Burgers
	19:30-21:30 uur	idem	MKB'ers

Criteria voor werving en selectie
Er moeten per groepsdiscussie 8 deelnemers + 2 reserve worden geworven.

Burgers
- doorsnee-inwoners van de drie steden uit diverse wijken en inkomensklassen
- mannen en vrouwen
- hoger, middelbaar en lager opgeleiden
- leeftijd 18–75 jaar
- enkelen zeer sportminnend, middengroep wel sportminnend, enkelen niet sportminnend (zie rekruteringslijst)
- er moeten ook inwoners uit diverse culturele groepen in het onderzoek vertegenwoordigd zijn

MKB
- bedrijven uit de binnensteden en uit het ruime stadsgebied (reisafstand 30 minuten per openbaar vervoer naar de binnenstad)
- profiterende branches, zoals: horeca (café/fritestent, broodjeszaak, McDonald's enzovoort), vervoer (taxi enzovoort), onderkomen (goedkopere hotels, jeugdherberg enzovoort) en ondernemers die mogelijk voor overlast vrezen zoals supermarkteigenaren en winkeliers in de binnenstad

Wijze van uitnodigen
Voor deelname worden de burgers enigszins verhuld uitgenodigd, dat wil zeggen dat als onderwerp van de discussie wordt genoemd: 'grote internationale evenementen'. De MKB'ers mogen onverhuld worden uitgenodigd; het exacte onderwerp wordt meegedeeld.

Vergoeding voor deelname
De vergoeding voor deelname aan de discussie bedraagt voor burgers 40 euro en voor MKB'ers 80 euro. Een ieder ontvangt een reiskostenvergoeding o.b.v. 2^e klas OV.

Extra
Voor de burgers wordt, gezien het tijdstip van de bijeenkomst, een broodmaaltijd verzorgd.

2.2.4 Sturen van een bevestigingsbrief

Wanneer de respondent heeft toegezegd mee te willen werken, ontvangt hij of zij een bevestigingsbrief met alle gegevens en afspraken. Op die manier attendeer je de respondent nogmaals op zijn toezegging, wat het risico op 'voortijdig afhaken' of vergeten verkleint. Wanneer je een professioneel wervings- en selectiebureau hebt ingeschakeld, zal dat bureau dit voor je doen. De bevestigingsbrief bestaat in ieder geval uit de volgende elementen:

- plaats, datum en tijdstip van onderzoek;
- het (globale) gespreksthema;
- hoogte van de respondentenvergoeding;
- bijzonderheden: eventuele maaltijd, reiskostenvergoeding, parkeergelegenheid, te verrichten voorwerk;
- verzoek tot telefonische afmelding, in geval van onverhoopt verhinderd zijn;
- (verwijzing naar) de routebeschrijving.

Hierna zie je een voorbeeld van een bevestigingsbrief voor deelname aan een interview.

Voorbeeld van een bevestigingsbrief

Dhr. D. de Goede
Blijbeginstraat 111
5048 JN Laren

Arnhem, 20 maart 2012

Betreft: bevestiging afspraak interview

Geachte heer De Goede,

Hartelijk dank voor uw deelname aan het onderzoek dat ons bureau in opdracht van de gemeente Laren uitvoert. Met dit onderzoek, waarvoor in totaal 30 inwoners van Laren zijn benaderd, beoogt de gemeente op een aantal specifieke punten te achterhalen in hoeverre haar dienstenpakket verbeterd kan worden.

Met u staat een afspraak gepland op woensdag 26 september a.s. om 16.00 uur in Hotel Mercure aan de Heuvelpoort 300 te Laren. Het interview zal hooguit 30 minuten duren en u ontvangt hiervoor een vergoeding van 30 euro. Gezien de strakke tijdsplanning voor deze dag, verzoek ik u vriendelijk om tijdig aanwezig te zijn.

Bijgesloten treft u een routebeschrijving aan. Indien u met de auto komt, kunt u gebruikmaken van de parkeergarage van het Mercure Hotel.

Mocht u onverhoopt verhinderd zijn, wilt u ons dat dan tijdig laten weten op telefoonnummer 026-4444444 of via de mail: info@onderzoek.nl? We kunnen dan een nieuwe afspraak maken.
Op de dag van het interview zelf kunt u ons mobiel bereiken onder nummer 06-22222222.
Mocht u nog vragen hebben, dan kunt u ons vanzelfsprekend bellen. We verheugen ons op uw komst!

Met vriendelijke groet,

Jannie de Wit

Bijlage: routebeschrijving

2.2.5 Telefonische reminder

Ook al hebben respondenten een bevestigingsbrief ontvangen, toch raden we je aan om de dag vóór het onderzoek nogmaals contact op te nemen met de respondent. Je kunt dan vragen of de bevestigingsbrief goed is aangekomen en of de routebeschrijving duidelijk is. Zo herinner je de respondent een laatste keer aan het onderzoek. Tegelijkertijd kun je controleren of de respondent nog altijd in de gelegenheid is om te komen. Er zijn immers legio omstandigheden denkbaar waardoor de respondent toch niet in de gelegenheid is om deel te nemen, maar simpelweg vergeten is om af te bellen.

> **Tip**
>
> **E-mail**
> Als je niet kunt bellen of de respondent telefonisch niet kunt bereiken, stuur dan een e-mail. Dit is beter dan niets doen: respondenten gaan nogal eens 'gemakkelijk' om met de geplande bijeenkomst.

2.3 Opstellen van de checklist

Een wezenlijk onderdeel van het voorbereidingsproces is het opstellen van een vragenlijst, ook wel checklist genoemd. Hierin beschrijf je immers welke onderwerpen en vragen je tijdens de vraaggesprekken aan bod wilt laten komen, evenals de wijze waarop en de volgorde waarin je dat beoogt te doen. In hoofdstuk 4 bespreken we uitgebreid hoe je inhoudelijk vormgeeft aan een checklist voor kwalitatief onderzoek. In deze paragraaf beperken we ons tot het bespreken van de wijze waarop het maken van de checklist normaliter is georganiseerd.

In de praktijk van kwalitatieve marktonderzoekers beslaat het maken van een checklist een periode van één, hooguit twee weken. In dit tijdsbestek geeft de opdrachtgever input voor een eerste concept, dat de onderzoeker in nauw overleg verder verfijnt en vervolmaakt. Hierna geven we een beknopte weergave van de diverse stappen in het ontwikkelproces van de vragenlijst.

Eerste opzet: 1–2 dagen

Voor het maken van een voorlopige checklist beroept de kwalitatief onderzoeker zich op de informatie die hem of haar door de opdrachtgever beschikbaar is gesteld. Dit betreft de mondelinge of schriftelijke briefing die door de opdrachtgever werd verstrekt in het kader van het verzoek om een onderzoeksvoorstel, eventueel aangevuld met een extra briefing nadat de opdrachtverlening definitief is gemaakt. Met behulp hiervan specificeert hij of zij de te onderzoeken vraaggebieden en bedenkt daar vragen bij. De tijd die daarvoor nodig is, is afhankelijk van de complexiteit en beoogde duur van de gesprekken, maar omvat in de regel nooit meer dan 16 uur.

Overlegmoment concept

Zodra de onderzoeker tevreden is over de eerste opzet voor de checklist, kan hij of zij deze voorleggen aan de opdrachtgever. Vrijwel altijd gebeurt dit per e-mail, omdat daarmee de minste tijd verloren gaat. Wel is het raadzaam om van tevoren met de opdrachtgever af te spreken wanneer je hem of haar de conceptchecklist zal doen toekomen. Dit om zeker te stellen dat de opdrachtgever in staat is eventuele op- en aanmerkingen op het concept tijdig terug te koppelen.

Verwerken van op- en aanmerkingen: 1-2 dagen
Op basis van de op- en aanmerkingen van de opdrachtgever én het overleg dat daarover heeft plaatsgevonden, past de onderzoeker de checklist aan tot een definitief concept.

Overlegmoment definitief concept
Een tweede overlegmoment wordt ingelast. De opdrachtgever bekijkt of alle op- en aanmerkingen naar tevredenheid zijn verwerkt én doorloopt de vragenlijst nogmaals in zijn geheel. Indien er geen aanvullende veranderingen nodig zijn, geeft hij of zij een definitief akkoord voor de checklist.

Eventuele verfijning definitieve checklist bij of na aanvang van het veldwerk
Tijdens de uitvoering van het veldwerk kan blijken dat de vragenlijst op bepaalde punten moet worden aangescherpt of aangepast. Dit omdat bepaalde vragen bijvoorbeeld verkeerd worden begrepen of niet van toepassing blijken te zijn.

2.4 Gespreksklaar maken van de onderzoeksruimte

Wanneer je een marktonderzoeker vraagt hoe een onderzoeksdag verloopt, zul je ongetwijfeld te horen krijgen dat dit een dag is van 'niet zeuren, maar aanpakken'. Veelal bepakt en bezakt begeef je je richting onderzoekslocatie, om daar de ruimte(n) te inspecteren en (verder) klaar te maken voor de gesprekken die zullen plaatsvinden. Concreet betekent dit dat je:
a zorgt voor de juiste tafelopstelling en catering;
b de benodigde middelen en materialen klaarlegt waarbij je de techniek grondig test.

Figuur 2.1 **Tafelopstelling voor een groepsgesprek**

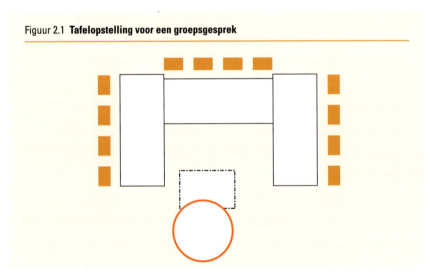

De gespreksleider zal vooral werken vóór de tafels, in de ruimte die gemarkeerd wordt door de rode cirkel. Soms zet men hier een tafel neer, in andere gevallen laat men de ruimte open en werkt de gespreksleider staande.

Ad a Tafelopstelling
Het belangrijkste waar je op moet letten bij de tafelopstelling voor een vraaggesprek dat op beeld wordt vastgelegd, is dat de respondenten met het gezicht naar de camera zijn toegekeerd. Niet alleen is dit prettiger voor de meekijkers, maar ook is dit belangrijk voor de latere analyse. Denk je eens in dat je beeldopnamen van een groepsdiscussie bekijkt, zonder de gezichten van de respondenten te kunnen zien. Je kunt je voorstellen dat het dan erg moeilijk wordt om op basis van de stemmen alleen terug te herleiden wie, wat, wanneer heeft gezegd.

> **Tip**
>
> **Opstelling camera**
> Zorg bij een groepsdiscussie dat de discussieleider met de rug naar de camera is toegekeerd. Op die manier vindt het gesprek met en tussen de respondenten automatisch plaats met de gezichten richting de camera gekeerd. Dit is ook plezierig voor eventuele meekijkers.

Ad b Klaarleggen middelen en materialen
Het is gebruikelijk dat de gesprekken zo letterlijk mogelijk worden genotuleerd.

Alleen indien de respondent daar toestemming voor heeft gegeven, mogen ook beeld- en geluidsopnamen worden gemaakt. In eerste instantie zijn respondenten vaak geneigd zeer terughoudend te reageren op de aanwezigheid van opnameapparatuur. De beste manier om hiermee om te gaan, is door je verzoek op een luchtige manier in te kleden, zo van: 'Deze opnamen zijn bedoeld voor intern gebruik. U hoeft dus niet bang te zijn dat u morgen ineens met uw hoofd op televisie verschijnt. Of misschien vindt u dat juist ook wel jammer?' Een dergelijke luchtige aanpak helpt respondenten al snel de aanwezigheid van opnameapparatuur te relativeren. Zorg in ieder geval dat alle middelen ruim op tijd geïnstalleerd zijn, zodat je nog tijd hebt om de werking ervan te controleren en eventuele problemen te verhelpen.

> **Tip**
>
> **Middelen en materialen**
> Zorg dat je beschikt over voldoende batterijen, opgeladen accu's, usb-sticks, dvd's en verlengsnoeren.

Als is afgesproken dat de respondenten na afloop van het gesprek een vergoeding voor deelname krijgen, moet je ervoor zorgen deze op de dag van het onderzoek ook bij je te hebben. Indien is afgesproken dat de respondent een geldbedrag ontvangt, moet je dat klaarleggen. Zorg dat je over gepaste bedragen beschikt. Soms wordt in plaats van geld een leuke attentie gegeven, zoals een fles wijn, een boek of een cadeaubon.

> **Tip**
>
> **Controle envelop**
> Het is verstandig om de enveloppen gesloten aan de respondenten te overhandigen. Vraag of ze de envelop ter plekke willen controleren op een juiste inhoud.

> **Tip**
>
> **Procedure vergoeding respondenten**
> Met een paraaflijst is het mogelijk om direct na afloop van het onderzoek te controleren of er evenveel enveloppen zijn verstrekt als handtekeningen vergaard. Eventuele onterechte navorderingen van respondenten die zeggen geen vergoeding te hebben ontvangen, worden hiermee voorkomen.

Privacy

Als marktonderzoeker moet je rekening houden met de privacygevoeligheid van gegevens.

Als er mensen meekijken bij een kwalitatief marktonderzoek, dan moet aan de respondenten worden gevraagd of zij hiervoor toestemming geven. Als er ook maar één respondent bezwaar maakt, dan kan er niet worden meegekeken! Vaak zullen de meekijkers over een lijst met gegevens van de deelnemers willen beschikken. Deze lijst mag geen herkenbare gegevens bevatten over de respondenten, zoals een adres, e-mail enzovoort. Dat is vastgelegd in de Wet bescherming persoonsgegevens (WBP). Zet daarom niet meer dan de volgende informatie op de lijst:
- de tot initialen verkorte naam of alleen een voornaam;
- leeftijd;
- beroep en vooropleiding en/of beroep en vooropleiding van de partner;
- summiere achtergrondgegevens, voor zover deze voor een juist begrip, c.q. een juiste interpretatie van het gesprek van direct belang zijn.

Testen
Veel stress ontstaat als de computer of de beamer niet goed werkt. Test filmpjes en internetverbindingen, maar ook het beeldmateriaal dat je wilt laten zien, vooraf grondig.

De formulieren waarop deze gegevens vermeld staan, blijven eigendom van de onderzoeker en worden na afloop van het veldwerk door hem of haar weer ingenomen.

Uit de *Gedragscode voor Statistiek en Marktonderzoek* (2010) hebben we de volgende tien gouden regels voor privacy in marktonderzoek overgenomen. De eerste negen regels gelden voor ieder onderzoek, waarbij het natuurlijk wel toegestaan is om het doel van het onderzoek enigszins te verhullen. Regel 2 en 10 (irritatie voorkomen) is vooral bedoeld voor situaties dat er respondenten geworven worden.
1. Informeer de respondent over het doel van het onderzoek.
2. Bejegen de respondent die aan het onderzoek deelneemt met respect, ook wanneer hij niet wenst deel te nemen, een weigering is een weigering.
3. Verzamel niet meer gegevens dan noodzakelijk voor de uitvoering van het onderzoek.
4. Extra zorgvuldigheid is geboden bij het verzamelen en verwerken van bijzondere gegevens. Dit zijn persoonsgegevens omtrent iemands godsdienst of levensovertuiging, ras, politieke gezindheid, gezondheid, seksuele leven, alsmede persoonsgegevens betreffende het lidmaatschap van een vakvereniging, strafrechtelijke persoonsgegevens en persoonsgegevens over onrechtmatig of hinderlijk gedrag in verband met een opgelegd verbod naar aanleiding van dat gedrag.
5. Verwerk gegevens in identificeerbare vorm niet langer dan noodzakelijk voor de uitvoering van het onderzoek, anonimiseer zo snel mogelijk.

6 Rapporteer nooit over individuele respondenten met identificeerbare gegevens, tenzij de respondent daarvoor ondubbelzinnig toestemming heeft gegeven.
7 Neem technische en organisatorische maatregelen ter beveiliging van de verzamelde gegevens tegen onrechtmatig gebruik.
8 Zorg voor een tijdige melding van de verwerking bij het College bescherming persoonsgegevens door de opdrachtgever, als persoonsgegevens verkregen uit het onderzoek langer dan zes maanden na verkrijging worden bewaard.
9 Houd alle persoonsgegevens die worden verzameld en bewerkt geheim en verstrek persoonsgegevens alleen aan geautoriseerde functionarissen.
10 Wijs bij irritatie van de respondent op de mogelijkheid om zijn persoonsgegevens tegen dergelijke vorm van onderzoek te blokkeren via www.onderzoekfilter.nl. Dat is een ander register dan het bel-me-niet-register: het heeft alleen betrekking op marktonderzoek.

Checklist

Een goede onderzoekslocatie is een noodzakelijke voorwaarde voor een succesvol onderzoek.

De keuze van de locatie hangt af van vier factoren: de doelgroep van het onderzoek, budget, bereikbaarheid en de benodigde faciliteiten.

Leg de afspraken rond de gekozen locatie tijdig schriftelijk vast.

Je zult actief op zoek moeten naar de gewenste respondenten.

Het zoeken naar respondenten kan worden uitbesteed aan een professioneel wervingsbureau.

Maak de doelgroep voor een onderzoek niet te klein, stel geen onmogelijke eisen.

Stuur de respondenten die geworven zijn tijdig een bevestigingsbrief met een duidelijke routebeschrijving.

Herinner de respondenten enkele dagen voor de bijeenkomst aan de gemaakte afspraken.

De inhoud van de gesprekken leg je vast in een checklist. Neem de tijd om deze te maken en leg de conceptlijst aan je opdrachtgever voor.

Houd er rekening mee dat de gespreksruimte voorafgaand aan de gesprekken moet worden ingericht. Test alle techniek, ook computers, vooraf uitgebreid.

Bij een groepsgesprek heb je te maken met privacyregels. Houd je hier duidelijk aan, maar communiceer tegelijkertijd naar respondenten op luchtige toon.

Het individuele interview

3

3.1 Inleiding
3.2 Verbale communicatie
3.3 Non-verbale communicatie
3.4 Gezichtsuitdrukkingen
3.5 Lichaamstaal
3.6 Stem
3.7 Uiterlijk en kleding
3.8 Het verloop van een interview

In dit hoofdstuk gaan we in op het houden van een individueel interview. In paragraaf 3.1 behandelen we wat een individueel interview inhoudt en wanneer je het inzet. In paragraaf 3.2 gaan we in op het gebruik van verbale communicatietechnieken zoals vragen stellen, samenvatten, spiegelen, afkappen en stilte.
Naast verbale is non-verbale communicatie essentieel in gesprekken tussen personen. In paragraaf 3.3 leggen we uit wat dit begrip inhoudt. In paragraaf 3.4 gaan we in op gezichtsuitdrukkingen en de manier waarop zij uitdrukking geven aan gevoelens. Paragraaf 3.5 licht enkele elementen van lichaamstaal toe. In paragraaf 3.6 gaan we in op stemgebruik en paragraaf 3.7 behandelt het belang van uiterlijk en kleding. In paragraaf 3.8 komt de structuur van het gesprek aan bod. We geven hier enkele suggesties om de verschillende fases goed te doorlopen. Het maken van de vragenlijst (of checklist) komt in hoofdstuk 4 aan de orde.

3.1 Inleiding

Een interview is een gesprek waarbij de interviewer vragen stelt en de respondent deze beantwoordt. Als je het woord interview gebruikt, gaat het altijd om een gesprek tussen een interviewer en één, soms twee, respondenten (denk aan een echtpaar). De duur van een dergelijk interview varieert van een half uur tot twee uur. Het interview kan plaatsvinden bij de respondent thuis of in een professionele onderzoeksruimte. Een kwalitatieve onderzoeker is heel goed in het stellen van de juiste vragen. Dit levert interessante en informatieve antwoorden op. Hierdoor ontstaat een diepgaand en gedetailleerd inzicht in het onderwerp van onderzoek.

Marktonderzoekers gebruiken veel verschillende termen om een individueel interview aan te duiden, zoals:
- open interview of vrij interview (waarmee men bedoelt dat de vragen vooraf niet exact zijn geformuleerd);
- persoonlijk interview (namelijk een tweegesprek tussen mensen);
- single interview (de interviewer spreekt met één persoon, niet met een groep, eigenlijk dus hetzelfde als hiervoor);
- diepte-interview (de interviewer vraagt door, neemt geen genoegen met schijnbaar eenvoudige antwoorden);
- focusinterview (er komt één onderwerp aan bod dat van alle kanten wordt bekeken).

Een individueel interview is vooral geschikt in situaties dat je als onderzoeker diepgaand met de respondent wilt praten. Als je erin slaagt om de respondent op zijn gemak te stellen dan is hij of zij bereid om je zeer persoonlijke dingen te vertellen en goed na te denken over de onderliggende emoties en attitudes. Vaak zetten we het individuele interview dan ook in als er over een onderwerp weinig bekend is en de onderzoeker zich een beter beeld van het onderwerp wil vormen. Als je bijvoorbeeld een complex onderzoek doet met de intentie een kwantitatieve enquête af te nemen dan is het ook zeker aan te raden in de voorbereidingsfase een aantal individuele interviews te plannen, zodat je een goed beeld krijgt van hetgeen je onderzoekt. Daarnaast is een individueel interview heel geschikt om diepgaand over beslissingen, wensen en eisen te praten. Dat kan bijvoorbeeld zinvol zijn als je wilt weten of mensen uit een bepaalde beroepsgroep een bepaald product of dienst zouden willen afnemen. Ter ondersteuning van het gesprek kan een aantal projectieve technieken (zie hoofdstuk 5) of kleine activiteiten, zoals het werken met invullijsten, worden ingezet. Individuele interviews zijn minder geschikt om de creativiteit op gang te brengen: er zijn immers geen groepsleden aanwezig om elkaar te inspireren.

Actief luisteren
Een effectieve interviewer 'luistert actief'. Deze techniek is oorspronkelijk gebruikt als hulpmiddel voor het geven van gesprekstherapie, maar zorgt ook in diepte-interviews voor goede resultaten. Actief luisteren is een gestructureerde manier van luisteren en reageren. De luisteraar heeft 100% aandacht voor de respondent. Hierdoor gaat alle aandacht uit naar de spreker. Belangrijk is dat de interviewer zijn eigen referentiekader uitschakelt en niet oor-

deelt over hetgeen de respondent zegt. Hij geeft geen oordeel. Centraal staat het observeren van de woorden en de lichaamstaal van de spreker.

De taak van de onderzoeker
Het is de taak van onderzoeker en de interviewer om ervoor te zorgen dat het gesprek zo comfortabel en soepel mogelijk verloopt. De interviewer moet ervoor zorgen dat alle facetten van een probleem de revue passeren en dat alle opmerkingen die een respondent maakt, voldoende worden uitgediept. De interviewer moet dus steeds doorvragen totdat een punt helder is. Bij veel respondenten is er, zeker in het begin van een interview, sprake van een drempel. Men komt niet gemakkelijk los en moet wennen aan de situatie en aan de interviewer. Sommige mensen kun je gemakkelijk geruststellen, andere hebben veel tijd nodig. Ook het onderwerp van gesprek heeft hierop invloed: de meeste mensen praten gemakkelijker over boodschappen dan over bijvoorbeeld relatieproblemen. Je zult altijd een psychologische barrière bij je gesprekspartner moeten overwinnen. Dat doe je door het creëren van een atmosfeer waarin de respondent zich begrepen voelt, zich vrij kan voelen om te antwoorden en niet bevreesd hoeft te zijn om te worden beoordeeld of bekritiseerd. De beste interviewers zijn in staat om een interview met mensen die zij niet kennen, toch te doen lijken op een gesprek met een goede kennis. Zij laten namelijk blijken dat zij oprecht op zoek zijn naar en geïnteresseerd zijn in de mening van de respondent.

Tip

Online gesprekken voeren
De techniek maakt het mogelijk om respondenten online te interviewen met een webcam. Dit kan bijvoorbeeld door middel van Skype. Overweeg dit als je bijvoorbeeld te maken hebt met respondenten die zich in het buitenland bevinden of als het om andere redenen moeilijk is om een persoonlijke afspraak te maken.

3.2 Verbale communicatie

Communicatie tussen mensen verloopt op twee manieren: verbaal en non-verbaal. Onder verbale communicatie verstaan we alles waarbij je werkt met taal: het gaat dus om communicatie met woorden, zinnen, vragen en antwoorden. Deze vorm van communicatie is voor velen van ons het meest zichtbaar en bekend. Om de gewenste informatie te krijgen zal de interviewer de juiste vragen moeten stellen. Deze vragen zijn deels weergegeven in de checklist, maar moeten ook vaak ter plekke door de onderzoeker worden geformuleerd. Daarom behandelen we dit onderwerp hier als eerste. Houd er echter rekening mee dat ook het non-verbale deel van de communicatie een grote rol speelt in de interactie tussen mensen. Daarop gaan we in paragraaf 3.3 nader in.

In verbale communicatie maak je gebruik van de volgende technieken:
- open vragen en gesloten vragen
- sturende vragen
- doorvragen

- spiegelen
- samenvatten
- stilte laten vallen
- afkappen
- jezelf blootgeven.

3.2.1 Vragen stellen

Open vragen zijn vragen waarop een respondent allerlei antwoorden kan geven. Een open vraag stel je door middel van inleidende woorden, zoals waarom, hoe en wat. Bijvoorbeeld: 'Waarom zou u een auto kopen?', 'Hoe ziet voor u de ideale auto eruit?' of 'Wat vindt u belangrijk bij de aankoop van een auto?'

Gesloten vragen zijn vragen die tot een beperkt antwoord leiden: bijvoorbeeld 'ja' of 'nee' of een feitelijk gegeven. Voorbeelden van gesloten vragen zijn: 'Heeft u vorig jaar een auto gekocht?' of 'Wanneer kocht u voor het laatst een nieuwe auto?' Een bijzondere vorm van een gesloten vraag is de meerkeuzevraag. Deze gebruik je vooral om het gesprek, met name als iemand te veel doorpraat, te sturen.

Beide soorten vragen zet je in tijdens een interview. Open vragen zijn heel geschikt om iemand aan het praten te krijgen, om een gesprek in gang te zetten. Ze geven inzicht in de gedachten en gevoelens van de respondent. Gesloten vragen gebruik je als je feitelijke informatie wilt hebben, om te controleren of je de inhoud van het gezegde goed begrepen hebt en om een gespreksonderdeel af te ronden.

■ **Voorbeeld 3.1 Van een gesloten vraag een open vraag maken**
De interviewer heeft als vraag: 'Vindt u de opkomst van politieke partij X goed of slecht?'. Deze vraag is gesloten. Hij maakt hier een open vraag van door een waarom-vraag toe te voegen. Als volgt: Is dit goed of slecht? ... Antwoord ... En waarom vindt u dat? Een andere manier om de vraag opener te maken is eerst een meerkeuzevraag stellen. Bijvoorbeeld: Kunt u aangeven wat volgens u de voor- en nadelen zijn van deze ontwikkeling? Waarom?

Sturende vragen
Sturende vragen zijn vragen waarbij het antwoord al besloten ligt in de vraag. Bijvoorbeeld: 'Vindt u ook niet dat wij Nederlanders te veel belasting betalen?'. Een sturende vraag is niet objectief en wordt daarom in het marktonderzoek meestal niet gebruikt. Ook in een individueel interview moeten deze vragen vermeden worden. Soms zal een interviewer ze wel inzetten, als middel om de respondent een bepaalde kant op te sturen als deze afdwaalt. Een sturende vraag kan ook dienen om af te ronden of om samen te vatten. Onervaren interviewers stellen vaak per ongeluk sturende vragen. We raden beginnende marktonderzoekers daarom aan deze vragen actief te vermijden.

Doorvragen
Doorvragen is enorm belangrijk in een kwalitatief interview. Je wilt immers precies weten wat de respondent denkt en voelt. Vaak is hij zich daar zelf niet eens van bewust! Door middel van doorvragen nodig je de respondent uit om dieper in te gaan op een bepaald onderwerp. Dat

hoeft niet altijd te gebeuren in de vorm van een verbale vraag. Ook het laten vallen van een stilte of een aanmoedigende blik zijn geschikte instrumenten. Goede vragen om dieper te gaan zijn: 'Kunt u daar meer over vertellen?', 'Laten we ons eens indenken dat de situatie als volgt is…. Wat zou ú dan doen?', 'Dat is interessant!' …, 'Hoe zou dat er voor u dan precies uitzien?', 'Kunt u nog wat meer concreet aangeven wat dit voor ú betekent?'.

Doorvragen is een kwestie van observeren, vragen durven stellen en vervolgens ervaring opdoen. Let om te beginnen op aanknopingspunten om door te vragen. Een signaal zijn eventueel vage antwoorden van de respondent en algemene waarheden, zoals 'Tja, het regent nu eenmaal vaak in Nederland.' Let ook op aannames 'Het zal wel zo zijn dat…' of 'Ik geloof dat in het algemeen…'. Ook antwoorden met 'moeten' of 'kunnen' wijzen erop dat je meer te weten kunt komen. 'Je moet nu eenmaal een grote auto hebben…' of 'Dat kan nu eenmaal niet anders…' Deze taalpatronen verhullen vaak waardevolle informatie. Denk ook na over de vraag of de respondent bepaalde antwoorden vermijdt, dingen niet zegt die je eigenlijk wel zou verwachten. Bijvoorbeeld: iemand vertelt uitgebreid over de problemen die hij had met zijn vakantiewoning, maar vertelt niet of hij hiervoor geld heeft teruggekregen. Vraag daar dan ook naar.

■ **Voorbeeld 3.2 Doorvragen naar de eigen mening**
Een respondent antwoordt met: 'Iedereen vindt toch dat je kinderen een tik mag geven.' Laat je dan vooral niet verleiden om dat als dé mening van hem of haar te noteren. Vraag bij dit soort sociaal wenselijke antwoorden door wat hijzelf ervan vindt. Wat hij zelf heeft meegemaakt. Vraag bijvoorbeeld of hij situaties kent waarin 'een tik geven' wel of niet werkt.

3.2.2 Spiegelen

Een interviewer moet in korte tijd een goed, intiem, contact opbouwen met de respondent. Zo'n contact noemt men in de psychotherapie ook wel 'rapport'. Het doel hiervan is dat de geïnterviewde zich zo volkomen op zijn gemak voelt dat hij of zij bereid is persoonlijke ervaringen te delen, diepe emoties te onthullen en ook dingen te vertellen die mogelijk sociaal gezien minder wenselijk zijn. De interviewer bouwt rapport op door zijn opstelling, aandachtig luisteren, vriendelijke toonzetting en oprechte aandacht. Daarnaast kan hij gebruikmaken van technieken uit, onder andere, het neurolinguïstisch programmeren (NLP). De onderzoeker zorgt er dan voor dat de respondent zichzelf herkent in zijn taalgebruik, lichaamshouding, lichaamstaal en dergelijke. Zij kan zowel non-verbaal als verbaal spiegelen. Als dit subtiel gebeurt zal het de band tussen interviewer en respondent versterken.

Verbaal spiegelen houdt in dat je de woorden van de respondent letterlijk herhaalt. Als je dat doet in de vorm van een vraag, dan zal de respondent vaak verder gaan vertellen over dit onderwerp. Stel bijvoorbeeld dat de respondent op de gesloten vraag 'Wanneer kocht u voor het laatst een nieuwe auto?' heeft geantwoord '2010'. Dan zal de vervolgvraag 'U heeft dus in 2010 voor het laatst een nieuwe auto gekocht?' er meestal toe leiden dat de respondent gaat uitleggen waarom hij deze auto toen heeft gekocht. Spiegelen is ook een goede techniek om het gezegde samen te vatten. Onervaren interviewers vinden het vaak moeilijk om te spiegelen: ze gebruiken hun eigen woorden of geven een eigen mening. De techniek van het spiegelen helpt een onderzoeker om objectief waar te nemen.

Een verdergaande vorm van spiegelen is wanneer de onderzoeker zich qua woordkeuze en taalgebruik aanpast bij de respondent. Mensen hebben verschillende typen representatiesystemen om de wereld waar te nemen en zichzelf uit te drukken. Vaak heeft men een uitgesproken voorkeur voor een van de drie hoofdgroepen:
- visueel (zien, bekijken);
- auditief (horen, luisteren);
- kinesthetisch (lichamelijk, voelend).

Een ervaren onderzoeker herkent de stijl van de respondent door observatie. Hij of zij speelt hierop in door de woorden en de voorbeelden die hij kiest. Zo zal een visueel ingesteld iemand gretig ingaan op de uitnodiging om dit onderwerp eens nader te bekijken. Ook een vraag als 'wat vindt u zo, op het eerste gezicht?', zal deze respondent stimuleren om het gesprek aan te gaan. Auditieve mensen praten veel tegen zichzelf, soms hardop. Zij reageren goed op gesproken aanmoedigingen en complimenten: 'Wat goed dat u dat zo onder woorden brengt!', is een prima zin om deze respondent verder te helpen. Ze geven ook graag antwoord op open vragen. Kinesthetisch ingestelde mensen zijn meer voelend ingesteld. 'Het voelt goed of het voelt niet goed?' Aan zo iemand kun je als onderzoeker vragen wat zij in haar lichaam voelt of beleeft. Deze mensen kunnen herinneringen naspelen of ze nogmaals in gedachten beleven. Naast deze drie groepen onderscheidt men ook wel een vierde categorie: de auditief digitale personen. Ook deze groep is sterk gericht op woord en geluid. Een verschil met de 'puur auditieve' groep is dat zij ook voortdurend een interne dialoog voeren: ze denken als het ware in zichzelf. Hun innerlijke stem geeft voortdurend commentaar op wat er gebeurt. Voor deze groep is de logische samenhang van feiten en vragen erg belangrijk.

Wat is jouw voorkeursstijl?
Op internet zijn verschillende testen te vinden om vast te stellen wat je eigen favoriete representatiestijl is. Google op 'test representatiesysteem' of kijk op http://www.trend.nl/interim-trend-communicatietest.html.

3.2.3 Samenvatten, stilte, afkappen

Als je gesprekspartner zijn verhaal heeft gedaan dan vat je het samen in je eigen woorden. Door samen te vatten controleer je of je zijn woorden goed hebt begrepen. Is dat niet het geval, dan geef je de ander de gelegenheid aan te vullen of te corrigeren. Samenvattingen geven een gesprek structuur. Het samenvatten van een antwoord gebruik je als iemand een lang verhaal heeft gehouden. In voorbeeld 3.3 staan twee samenvattingen van uitspraken over een dvd-recorder.

■ **Voorbeeld 3.3 Samenvattingen in een onderzoek**
'Als ik u goed heb begrepen, zoekt u een apparaat dat in de eerste plaats betrouwbaar is, zodat u zeker weet dat de opnames lukken.'
'U zegt dus dat een opnameapparaat vooral in de eerste plaats moet zorgen dat u de uitzending krijgt die u wilde zien, ook als bijvoorbeeld het aanvangstijdstip verschoven is.'

De essentie van een mondelinge samenvatting is dat je precies en volledig weergeeft wat het antwoord is van de respondent op je vraag. Je haalt de kern eruit. Dat doe je in zo exact mogelijke, neutrale bewoordingen. Als de respondent bijvoorbeeld heeft verteld dat hij automerk X een waardeloos rotmerk vindt omdat bij twee auto's van dat merk binnen een jaar gigantisch dure reparaties nodig waren, dan vat je dat neutraal samen door te zeggen: 'U oordeelt negatief over merk X omdat u bij twee verschillende auto's heeft ervaren dat er snel dure reparaties nodig waren.' Een samenvatting moet compleet zijn. Ga daarom vlak voor het samenvatten voor jezelf na welke argumenten en emoties de respondent heeft benoemd. Veel interviewers maken korte aantekeningen op papier of in de computer, terwijl de respondent praat. Zo weten ze zeker dat ze alles gehoord hebben en snel een complete samenvatting kunnen geven.

De kracht van de stilte
Mensen aarzelen vaak om een stilte te laten vallen. We zijn 'geprogrammeerd' om iedere leegte te vullen. Let maar eens op wat er gebeurt als er op een feestje een stil moment is. Iedereen wordt ongemakkelijk. Vaak worden er dan grapjes gemaakt. Een interviewer maakt juist bewust gebruik van dit verschijnsel. Hij werkt met de zogeheten 'functionele stilte'. Natuurlijk geeft hij de respondent tijd om na te denken en een goed antwoord te geven. Dat kan langer zijn dan je denkt! Denk maar aan de televisiespot met de stotteraar die met A...A...A... begint en jij als interviewer zou meteen Amsterdam roepen, terwijl hij Arnhem wilde zeggen. Ook kan de stilte dienen om een respondent de gelegenheid te geven meer te vertellen over een voor hem of haar lastig onderwerp.

Afkappen
Soms is een respondent té enthousiast. Het komt ook wel eens voor dat een respondent afdwaalt of uitweidt. Dan moet je als interviewer het gesprek over dit specifieke onderwerp afkappen. Non-verbale communicatie is daarbij van belang: zak achterover, laat zien dat je verveeld bent, zucht en kijk weg. Ga desnoods op je horloge kijken of in je papieren bladeren. Veer op als er een stilte valt en kap dan af. Verbaal gebruik je vaak een samenvatting om af te kappen. Na de samenvatting kun je naar het volgende onderwerp overstappen. Soms is het nodig om letterlijk door iemand heen te praten. Je moet dan de ander overstemmen en duidelijk aangeven dat je gaat overstappen op een ander onderwerp. Je kunt dan bijvoorbeeld eerst hummen, op je horloge kijken, de ander strak aankijken en zeggen 'Dit is een heel interessant onderwerp. Gezien de tijd wil ik nu op het volgende onderwerp overstappen. Wat vindt u van...?'.

Het komt een enkele keer voor dat een respondent met volle overtuiging volstrekte nonsens verkondigt. Bijvoorbeeld 'Geen enkele mobiele telefoon werkt met een oplaadbare batterij.' In dat geval mag je als onderzoeker zelf je mening geven en dan afkappen. Je zegt dan bijvoorbeeld: 'U zegt dat er geen mobiele telefoons zijn die op een oplaadbare batterij werken. Ik weet heel zeker dat deze wel bestaan, maar ik heb uw antwoord genoteerd. Dan wil ik nu verder praten over...'

Zelfonthulling
Een interview is geen gewoon gesprek. Het is niet de bedoeling om veel over jezelf te vertellen of in discussie te gaan. Toch kan het soms helpen om iets persoonlijks bloot te geven, een zogeheten zelfonthulling. Dat stelt de respondent op zijn gemak en nodigt uit om verder te praten. Je kunt de persoonlijke onthulling bij aanvang van het gesprek inzetten om het ijs te breken. Spreek daarbij niet over het onderwerp van het interview. Als je bijvoorbeeld iemand komt interviewen over gewichtscontrole, dan mag je best vertellen dat je trein vol was en dat je soms echt moeite hebt met prestaties van de spoorwegen. Pas echter op dat je niet praat over bijvoorbeeld het lekkers dat je bij de koffie hebt genomen of je eigen dieet. Dat kan het eropvolgende interview beïnvloeden.

Vraag van de respondent afwimpelen
Het komt nogal eens voor dat een respondent een vraag van de interviewer beantwoordt met een tegenvraag, zo van: 'Wat vind jij er dan van?' Geef jezelf dán niet bloot! Geef zo vriendelijk en rustig mogelijk aan dat jij een heleboel denkt of voelt, dat je dat ook graag eens wilt toelichten, maar dat in de krappe tijd van een interview de mening van de respondent natuurlijk meer van belang is en dat juist die mening uitvoerig aan bod moet komen.

3.3 Non-verbale communicatie

De oermens communiceerde niet met taal maar met lichaamshouding en gebaren. Die genetische erfenis is nog steeds in ons allemaal aanwezig. Voor een kwalitatieve onderzoeker is non-verbale informatie van groot belang. Deze geeft uitdrukking aan gevoelens en houdingen. Non-verbale communicatie kan bijvoorbeeld zichtbaar maken dat de respondent wel iets zegt, maar dat dit in feite niet strookt met zijn gevoelens. Ook geeft non-verbale communicatie aanwijzingen dat de respondent gevoelens, wensen of houdingen heeft die hij nog niet in het gesprek heeft benoemd.

Albert Mehrabian gaf, al in 1971, in zijn boek *Silent Messages* de zogeheten 7-38-55-regel. Hij laat hiermee zien dat non-verbale communicatie enorm veel invloed heeft op de mate waarin we iemand aardig vinden. Dit wordt volgens hem voor 7% bepaald door iemands woorden, voor 38% door de stem en voor 55% door de gezichtsuitdrukking van degene met wie we praten. Deze uitkomsten zijn gebaseerd op een wetenschappelijke studie in laboratoriumomstandigheden en kunnen niet worden doorgetrokken naar het 'normale leven'. Toch laat deze studie wel zien dat non-verbale communicatie een groot deel uitmaakt van de communicatie tussen mensen.

Hoe kom je zelf meer te weten over non-verbale communicatie? In de eerste plaats door je te realiseren dat dit feitelijk een heel alledaags verschijnsel is. Iedereen gebruikt non-verbale communicatie. We zijn ons er echter vaak niet van bewust hoe we dat doen. Door goed te observeren wat je eigen gedrag is, en hoe anderen zich gedragen, kun je je ervan bewust worden wat er allemaal om je heen gebeurt. Je kunt het gedrag van anderen bekijken en benoemen. Mogelijk kun je er met anderen over praten wat zij zien en hoe ze dit beoordelen. In deze paragraaf noemen we een aantal kernpunten die meer zicht geven op het verschijnsel non-verbale communicatie.

Non-verbale communicatie bestaat uit de volgende elementen:
- gezichtsuitdrukkingen en oogcontact;
- houding van het lichaam en gebaren;
- stemgebruik: stemhoogte, ritme, intonatie en tempo;
- kleding en uiterlijk.

Benoem wat je ziet
Soms zie je zeer duidelijk dat de respondent bepaalde gevoelens heeft. Je kunt deze benoemen om vervolgens door te vragen. Bijvoorbeeld: 'Ik zie dat je je ongemakkelijk voelt bij deze vraag. Klopt dat?' Het praten over onderhuidse gevoelens en impliciete boodschappen noemt men ook wel metacommunicatie, ofwel: communicatie over het communicatieproces.

3.4 Gezichtsuitdrukkingen

In 1872 publiceerde Charles Darwin het boek *The Expressions of the Emotions in man and animals*. In dit boek toonde Darwin aan dat de gezichtsuitdrukkingen van mensen samenhangen met die van dieren, met name de aapachtigen. Hij merkte ook op dat het gezicht een van de belangrijkste communicatiemiddelen is in contact tussen mensen. Pas in 1965 werd zijn onderzoek voortgezet door Paul Ekman en zijn collega Wally Friesen. Samen brachten zij alle 43 gezichtsspieren in kaart. Deze werken samen in 23 action units. Met deze action units geven mensen uitdrukking aan zeven onderliggende emoties. Dat zijn:
- blijheid
- verrassing
- angst
- kwaadheid
- bedroefdheid
- walging
- minachting.

Opvallend is dat we veel meer negatieve (5) dan positieve (1) emoties kennen. De emotie verrassing wordt als neutraal beschouwd. Marktonderzoeker Dann Hill analyseert in zijn boek *Emotionomie* wat marktonderzoekers en marketeers hiervan kunnen leren. Hij werkte deze kennis uit in een methode van onderzoek waarbij gezichtsuitdrukkingen gefilmd worden (facial coding). Een team van experts analyseert wat zij zien en rapporteert over de werkelijke gevoelens van mensen over een nieuw product of dienst. Elke emotie kan meer of minder intens zijn. Zo is bijvoorbeeld 'verveling' een laag intensieve vorm van walging, terwijl afschuw een intense vorm van walging uitdrukt. Blijheid kent nuances zoals voldoening (laag intensief) en vreugde (intens), terwijl angst zich kan manifesteren als bezorgdheid, angst of zelfs doodsangst. Hoe intenser de emotie beleefd wordt, hoe groter de impact is op het gedrag van de consument. Om het nog ingewikkelder te maken, beleven mensen vaak meerdere emoties tegelijk. Emoties worden, net zoals kleuren, gemengd tot nuances. Zo leidt de combinatie van kwaadheid en angst tot jaloezie en geven verrassing en blijdschap als combinatie de emotie opluchting. Langs deze weg komt Dan Hill tot in totaal dertig herkenbare emoties. Daarvan zijn er maar zeven positief: verrukking, trots, ontzag, opluchting, verlangen, hoop en pure blijdschap. Twee zijn er neutraal van aard: verrassing en nostalgie. Dat we zo veel negatieve emoties kennen, komt volgens Dan Hill doordat de oermens heel veel negatieve emoties ervoer: honger, kou, uitputting en pijn waren aan de orde van de dag. De zintuigen moesten mensen bijvoorbeeld waarschuwen voor voedsel dat oneetbaar blijkt te zijn. In zo'n geval is 'walging' een zeer nuttige emotie. De moderne mens ervaart veel minder vervelende fysieke ervaringen en heeft daarom minder negatieve gezichtsuitdrukkingen nodig. Deze zijn echter nog wel allemaal in de kern aanwezig.

Figuur 3.1 **Een 'menukaart' van menselijke emoties**

		Verrassing	Kwaadheid	Walging	Bedroefdheid	Angst
	Blijheid	Verrukking Opluchting	Trots Wraakzucht	Morbiditeit	Nostalgie Verlangen	Schuldgevoel Hoop
		Verrassing	Razernij		Gêne Teleurstelling	Ontzag Verontrusting
			Kwaadheid	Verachting Wrok	Norsheid Afgunst	Jaloezie
Groen: primaire emoties Grijs: secundaire combinaties				Walging	Spijt	Schaamte Preutsheid
					Bedroefdheid	Wanhoop Bedroefdheid

Bron: Dan Hill (2011)

Het tonen van emoties is beladen. Mensen erkennen niet graag dat ze emotionele wezens zijn. Historisch gezien is de ratio superieur, we associëren dat begrip met mannelijkheid en kracht. Eenieder ziet zichzelf het liefst als een verstandig, rationeel wezen dat de zaken goed onder controle heeft. Ook staan mensen onder sterke sociale druk om alleen maar positieve emoties te voelen en te tonen. Het gevolg is dat veel mensen zich vrijwel niet bewust zijn van hun feitelijke gevoelens. Negatieve gevoelens worden al vroegtijdig weggefilterd uit ons bewustzijn. Ze zijn immers ongewenst. In situaties dat we gewoonweg niet om negatieve gevoelens heen kunnen, praten we daar toch maar liever niet over. Mensen tonen daarom vooral hun positieve emoties. Een ervaren onderzoeker herkent ook de negatieve emoties. Hij speelt er op subtiele wijze op in en zorgt dat de respondent ook zijn bezwaren en angsten benoemt.

Links zie je een sociale glimlach en rechts iemand die piekert.
Bron: www.lichaamstaal.nl

3.5 Lichaamstaal

Mensen communiceren met de houding van hun lichaam. We gebruiken deze om een bepaalde boodschap uit te stralen en passen hun houding aan de gesprekspartner aan. Ook gebruiken we gebaren om een boodschap over te brengen. Denk bijvoorbeeld aan een docent die zich breed en groot maakt als hij met een betoog begint. Met wijzende gebaren ondersteunt hij zijn verhaal. Als de leerlingen zelf een opdracht moeten maken, gaat hij even zitten en verdiept zich in zijn eigen papieren. Door middel van lichaamstaal stuurt hij de groep.

Lichaamstaal is complex. Er zijn veel mogelijkheden om iets uit te drukken: door de houding van het lichaam als geheel, met armen en benen, handen en voeten, de houding van het hoofd. Dit alles in combinatie met onze gezichtsuitdrukkingen, stemgebruik, uiterlijk en de verbale communicatie. Deze verschillende onderdelen kunnen elkaar tegenspreken. Als de docent in het voorbeeld heel hard praat, maar tegelijkertijd niet de klas in kijkt, dan spreken de signalen elkaar tegen. Het is daarom lastig de betekenis van lichaamstaal te herkennen en te interpreteren. Een kwalitatief onderzoeker is tegelijkertijd alert op de lichaamstaal van de respondent en die van hemzelf. Hij of zij leert voortdurend door mensen te observeren en de betekenis van signalen te evalueren.

We lichten hier het gebruik van lichaamstaal toe aan de hand van een aantal punten die van belang zijn voor het afnemen van kwalitatieve interviews en groepsgesprekken. Er is veel meer te vertellen over lichaamstaal dan we hier doen. Het boek *Lichaamstaal* van Susan Quilliam (1995) laat met behulp van tekst en foto's duidelijk zien wat deze taal je vertelt over de gevoelens en gedachten van andere mensen.

3.5.1 Afstand en nabijheid

Iedere cultuur kent – meestal ongeschreven – regels voor afstand en nabijheid tussen personen. De ruimte tot 45 centimeter ervaren we als 'zeer intieme' en 'intieme ruimte'. De zeer intieme ruimte is alleen bedoeld voor onszelf, geliefden en naaste familie. Dit zijn mensen met wie we knuffelen of kussen. In de intieme ruimte mogen ook vrienden en goede kennissen komen. Een interviewer behoort niet zo dichtbij te komen. Deze mag tot de persoonlijke ruimte komen: vanaf 45 centimeter. Let daarom op dat je als interviewer niet te dicht bij de respondent gaat staan of zitten. Vermijd het om de respondent aan te raken, anders dan om een hand te geven. Als het gesprek erg emotioneel wordt, kun je meeleven tonen door de respondent een zakdoek aan te bieden en je naar de respondent toe te draaien. Leg niet een arm om de respondent en pak niet zijn hand vast. Houd nog nadrukkelijker afstand als er sprake is van sekseverschil: een man en een vrouw. Het doel van het gesprek is informatie te verkrijgen. Te veel lichamelijke nabijheid kan tot verwarring leiden.

Soms zie je iemand zich wegdraaien, de blik dwaalt af, hij of zij schuift op zijn stoel. In een interview kun je zelf je lichaamstaal inzetten om het gesprek beter te laten verlopen. We noemen hier enkele mogelijkheden.

De respondent aarzelt het gesprek te beginnen
Signalen dat iemand zich niet op zijn gemak voelt zijn: onrustig bewegen zoals op de stoel zitten schuiven of even weglopen om iets anders te gaan doen. Neem dan de tijd om even over koetjes en kalfjes te praten. Roer in je koffie. Maak een inleidend praatje. Laat met je lichaamstaal zien dat jij rustig gaat zitten door breeduit te gaan zitten, je benen over elkaar te slaan of juist breed neer te zetten, wat naar achter te leunen. Laat ook non-verbaal zien dat je het gesprek wilt beginnen: pak je aantekenblok of opnameapparaat en ga dit installeren. Ga rechtop zitten op je stoel en kijk de respondent aan. Nu kun jij ook ongeduld laten zien door wat te schuiven of je keel te schrapen.

De respondent is lekker aan het praten
Houd je hoofd in een stand die duidelijk maakt dat je luistert: vaak is dat iets schuin, in de richting van de respondent. Maak aantekeningen op je laptop of op papier. Knik licht, maar kijk de ander niet rechtstreeks aan. Maak af en toe hummende, instemmende geluiden. Je kunt voorzichtig de lichaamstaal van de respondent spiegelen. Doe dit niet te expliciet: het wordt snel onnatuurlijk of zelfs lachwekkend.

De respondent wijdt te veel uit, praat over irrelevante onderwerpen
Kijk de respondent indringend aan als je wilt dat hij zijn aandacht beter op het gesprek richt. Houd de blik even vast. Laat daarna een stilte vallen.
Als dit niet voldoende is zul je de spreker moeten afkappen. Dat doe je door rechtop te gaan zitten, zelf op je stoel te schuiven, je keel te schrapen. Kijk de respondent een paar keer rechtstreeks aan. Kap daarnaast verbaal het gesprek af met een korte opmerking.

De respondent blijft voortdurend onrustig bewegen

Soms wordt een respondent onrustig van de lichaamstaal van de interviewer. Oefen jezelf daarom in het 'aarden'. Dat is een techniek waarbij je rustig en breed op je stoel zit. Je voeten staan op de grond of je benen zijn over elkaar geslagen. Je adem is laag, je past buikademhaling toe. Je voelt je ontspannen en op je gemak en dat is voelbaar voor de respondent.

Een gehaaste interviewer maakt de respondent onrustig. Plan daarom ruim de tijd voor interviews, zorg vooraf voor een goede routebeschrijving of gebruik een TomTom. Houd rekening met vertraging door files. Zorg dat je ruim de tijd hebt voor het volgende interview begint. Als je door omstandigheden te weinig tijd hebt voor een goed gesprek, kies dan een aantal punten uit die je wilt behandelen en laat andere onderwerpen liggen.

De respondent wordt vermoeid of is afgeleid

Signalen dat iemand met zijn gedachten afdwaalt zijn: wegkijken, geen oogcontact maken, een ingezakte lichaamshouding, zachter of langzamer gaan praten, geeuwen. Om een respondent aan te moedigen kun je een actieve houding aannemen: rechtop in je stoel, ontspannen, een sociale glimlach, je hoofd naar de respondent gericht. Soms kan het juist helpen als je zelf even afhaakt. Dat nodigt de ander uit om meer actief te worden. Leun naar achter en laat je laptop of schrijfblok wat meer los (maar houdt deze wel bij de hand). Blijf rustig zitten.

Het kan tijd zijn voor een korte pauze. Kondig dit non-verbaal aan door zelf even te zuchten, wat meer achterover te hangen (terwijl je vanbinnen nog steeds actief luistert!), je kunt zelfs geeuwen of uitrekken als dat natuurlijk in de situatie past. Benoem vervolgens duidelijk dat het tijd is voor een pauze. 'Ik denk dat het tijd is voor een korte pauze.' Ga naar de wc en/of vraag iets te drinken. Neem even de tijd voor een grapje of een klein praatje buiten het interview.

De respondent durft niet echt door te vertellen

Als iemand zogeheten afleidingsgebaren gaat maken dan is dat een signaal dat er meer te vertellen is. Je ziet bijvoorbeeld dat iemand met een voorwerp speelt, aan zijn kleding zit te frunniken, met zijn vingers aan zijn gezicht of haar voelt, iets gaat eten of gaat roken. Moedig de respondent dan voorzichtig aan om verder te praten. Laat een stilte vallen en wees niet bang dat deze te lang duurt. Vaak krijg je dan je antwoord. Soms bedenkt de respondent een uitvlucht, bijvoorbeeld door te vragen of er nog koffie is, of jij nog wat wilt drinken. Ga op het verzoek in. Je kunt dan later in het gesprek, als de sfeer goed is, nog even terugkomen op de vraag.

> **Tip**
>
> **Video's Amerikaanse presidentsverkiezingen**
> Erg vermakelijk, én leerzaam, zijn de video-opnames en analyses van de verschillende kandidaten voor Amerikaanse presidentsverkiezingen zoals uitgezonden door onder meer CNN. Het commentaar bij deze opnames wordt gegeven door mensen die zich hebben gespecialiseerd in het observeren en interpreteren van lichaamstaal. De URL is erg lang, zoek daarom zelf op YouTube naar video's met body language, bijvoorbeeld body language van McCann en Obama, of van Bill O'Reilly: Pelosi, Kerry and Bill's.

3.6 Stem

De manier waarop iemand zijn stem gebruikt, hoe hij praat, geeft ons veel informatie over gevoelens en attitudes. Denk maar aan de situatie dat je een telefoongesprek voert met een vriend(in). Je wisselt feitelijk informatie uit, maar je hoort ook meteen hoe het met de ander gaat, of er 'iets is', of iemand zich vrolijk voelt, druk is of neerslachtig. Let daarom in het gesprek hoe iemand praat: snel of langzaam, met 'dichtgeknepen keel' of 'vrij ademend', of de stem omhoog of omlaag gaat.

Ook je eigen stemgebruik is van belang voor een interviewer. Je moet erop letten dat je niet te snel praat, de ander moet je goed kunnen verstaan. Soms zal de respondent je vragen ingewikkeld vinden of erover na willen denken. Houd er ook rekening mee dat jij inhoudelijk helemaal in de materie bent ingevoerd maar dat de respondent het allemaal voor het eerst hoort. Praat daarom in een rustig tempo en oefen dit, zeker als je de neiging hebt om 'te snel te praten'.

Een interviewer moet een goede uitspraak hebben, hij moet duidelijk en helder spreken, zodat de ander hem goed verstaat. Oefen dit zo nodig.

Als je met een accent spreekt, of dat nu 'Achterhoeks' is of 'Engels', het beïnvloedt de respondent. Je kunt dat het beste oplossen door in het begin van het gesprek even luchtig te spreken over je accent en waar het vandaan komt. Zo zal het minder invloed hebben op de inhoud en het verloop van het interview.

Mogelijk heb je last van een schorre stem. Als dat komt door verkoudheid, overweeg dan om het gesprek uit te stellen. Je wilt de respondent immers niet besmetten met een virus. Het kan ook komen door een verkeerd gebruik van je stembanden. Raadpleeg dan een gespecialiseerde logopedist. Langdurig verkeerd gebruik van de stembanden kan veel slijtage geven en de problemen in de toekomst groter maken.

De stem observeren
Een interviewer observeert de respondent tijdens het gesprek op onopvallende wijze. Dat moet je oefenen. Het observeren van de spreekwijze is het eenvoudigst, dat kun je alleen met je oren doen. Je hoeft er zelf niet speciaal voor te kijken. Let daarbij niet alleen op de woorden en de woordkeuze maar ook op het spreektempo en de toonhoogte van de stem. Hieraan hoor je bijvoorbeeld of iemand met plezier praat, iets achterhoudt of zich ongemakkelijk voelt in de situatie.

3.7 Uiterlijk en kleding

Het lijkt soms een taboe te zijn, maar natuurlijk beoordelen we mensen wel degelijk aan de hand van hun uiterlijk en kleding. Deze vertellen ons, grotendeels onbewust, veel over onze gesprekspartner. Als interviewer doe je er goed aan om je bewust te worden van het effect dat het uiterlijk van de respondent op je heeft. Wat effect op je heeft en wat de aard van dat effect is, verschillen per persoon. De ene onderzoeker vindt het heel normaal als een mannelijke respondent in bevlekte kleren met olielucht aan tafel schuift en neemt moeiteloos aan dat deze man aan zijn auto heeft liggen sleutelen. Een ander vindt het (onbewust) onaardig en denkt dat de respondent eigenlijk geen zin heeft in het komende interview. Dit verschijnsel van onbewuste oordelen is heel normaal en menselijk. Vaak ben je je niet eens bewust van deze (voor)oordelen of misschien vind je deze zelfs gênant. Toch is het beter om van jezelf te weten dat je op uiterlijke signalen reageert, welke signalen je beïnvloeden en hoe je deze interpreteert. Dan kun je ook de vaardigheden ontwikkelen om je er zo weinig mogelijk door te laten beïnvloeden.

Als interviewer beïnvloed je ook de respondent door je uiterlijk en verschijning. Natuurlijk zorg je ervoor dat je er altijd netjes en onopvallend uitziet. Het kan voorkomen dat je er anders uitziet zonder dat je dat kunt veranderen, bijvoorbeeld omdat je voet in het gips zit. Bespreek dit dan kort en luchtig, liefst met een grapje, aan het begin van het gesprek. Als je dat niet doet, dan zal de respondent hier toch mee bezig zijn en er mogelijk door worden afgeleid.

3.8 Het verloop van een interview

Ieder interview verloopt volgens een vast patroon. Het begint allemaal met een goede voorbereiding: het zoeken van de juiste respondenten het plannen van een afspraak en de reis ernaartoe (hoofdstuk 2). Bij een goede voorbereiding hoort ook het opstellen van een vraagpuntenlijst. In paragraaf 4.6 geven we aan hoe je zo'n checklist opstelt. In deze paragraaf gaan we kort in op de fases die je binnen het gesprek doorloopt. We geven een aantal praktische adviezen om van elk deel een succes te maken.

De fases van het individuele interview
1 Binnenkomst, voorstellen (identificeren);
2 Contactfase (small talk);
3 Begin van het echte gesprek (structuur onderwerpen tijdspad);
4 Doorlopen vragenlijst of lijst met vraagpunten;
5 Gelegenheid geven voor eigen inbreng of vragen stellen;
6 Het gesprek afsluiten.

3.8.1 Het praatje vooraf

Als je mensen thuis opzoekt, moet je jezelf kunnen identificeren. Zorg voor een ID-kaart, paspoort en een brief van je opdrachtgever. Identificeer jezelf meteen na binnenkomst. Sommige mensen willen snel en efficiënt werken, met als argument 'tijd is geld' of 'waarom zou je de respondent langer bezighouden dan nodig?' Zij beginnen meteen met het interview. Toch is het kletspraatje vooraf van groot belang om een individueel interview tot een succes te maken. Hiermee kan de respondent even aan je wennen en zich op zijn gemak gaan voelen: er ontstaat rapport. Vaak zal het hoofdgesprek hierdoor beter verlopen. Accepteer iets te drinken, als dat je wordt aangeboden. Wil je geen koffie of thee, vraag dan een glas water. Trek ongeveer 5-10 minuten uit voor deze fase.

> **Tip**
>
> **Onderwerpen om vooraf over te praten**
> Sluit aan bij de respondent. Tast af of hij het prettig vindt als jij vragen stelt, of hij uit zichzelf praat of dat hij liever heeft dat jij aan het woord bent. Kies neutrale of positieve onderwerpen zoals: het weer, de reis naar de locatie, iets wat je opvalt aan de locatie (wat een schitterende tuin/prachtig bedrijfspand/mooi uitzicht heeft u). Vermijd onderwerpen die in het nieuws zijn. Ze hebben al snel persoonlijke of politieke betekenis voor de respondent.

3.8.2 Het gesprek zelf

Een open en verkennend interview kenmerkt zich door 'open vragen' zoals: 'Vertel er meer over!' of 'Hoe is dat toen gegaan?' Let op: maak van een interview geen echt gesprek. Het gaat immers niet om jouw mening of om iets wat jij hebt meegemaakt. Het gaat alleen om de respondent! Meestal vinden respondenten het ook helemaal niet prettig als de interviewer zelf een lang verhaal vertelt of uitleg geeft. De meeste mensen vinden het juist fijn om zonder commentaar en ononderbroken hun mening te mogen geven. Ervaren interviewers maken wél bewust gebruik van verbale reacties, scherp commentaar of sturen de vragen om mensen uit hun tent te lokken. Om dat ook te kunnen, moet je de kneepjes van het vak al aardig kennen.

> **Tip**
>
> **Vermijd het om zelf betrokken te raken**
> Een beginnend interviewer raakt soms heel erg betrokken bij een interview en roept dan, net zoals in een gesprek met een vriend of kennis: 'Ja, dat heb ik ook meegemaakt, bij mij was het...!' Let hierop: alleen wat de respondent vertelt is van belang. Je moet een gesprek op gang houden, in een vriendelijke sfeer zonder je eigen zienswijze bloot te geven.

Taalproblemen
Soms is de taal een belemmering voor het welslagen van een interview. Moeilijk wordt het bijvoorbeeld als je iemand gewoon niet verstaat. Bij onderzoek met gebrekkig Nederlands sprekende allochtonen is sprake van een taalbarrière, maar het kan ook zijn dat een manager vakjargon met veel Engelse termen of afkortingen gebruikt die jij niet begrijpt. Een ander voorbeeld zijn mensen met een zwaar accent of dialect, of de taal van jongeren met steeds nieuwe uitdrukkingen. Als je niet begrijpt of verstaat wat er gezegd wordt, dan is het beter tijdens een interview niet stoer te willen doen en net te doen alsof je het snapt. Je bent er niet minder om als je gewoon vraagt wat men bedoelt of waar een afkorting voor staat. Doorvragen is de beste garantie voor een goed interviewresultaat. Een gesprek duurt daardoor wel wat langer. Trek voor gesprekken waar je taalbarrières verwacht dan ook extra tijd uit.

> **Tip**
>
> **Korte en duidelijke vragen**
> Stel geen ingewikkelde, theoretische vragen. Houd het simpel. Het kan bijvoorbeeld zijn dat de opdrachtgever als vraag suggereert: 'Wat is uw reactie op het gedecentraliseerde beleid van de overheid ten aanzien van jeugdcriminaliteit in middelgrote steden?'. Werk dit dan om naar eenvoudige deelvragen zoals 'Wat houdt jeugdcriminaliteit voor u in?', 'Hoe gaat de lokale overheid met jeugdcriminaliteit om?' en 'Ziet u verschillen tussen uw woonplaats en andere steden (of dorpen)?'

Het gesprek sturen

Over het algemeen geldt dat interviews met kinderen, jongeren en oudere mensen wat lastiger zijn. De leeftijdsverschillen moeten eerst overbrugd worden. Jongeren kunnen zich niet lang concentreren en zijn snel afgeleid. Een interview met hen mag dan ook niet té lang duren. Bij kinderen werkt humor vaak goed om het gesprek op gang te krijgen. Je kunt gerust sturend optreden: geef dan op een wat strengere toon aan dat je nu serieus aan het werk moet gaan. Ouderen nemen vaak de tijd tijdens een interview en vertellen je alle achtergronden en persoonlijke weetjes. Dan moet je je strak aan je checklist houden, zonder iemand voortdurend te onderbreken en daarmee het gesprek te verstoren. Gebruikelijk is dan de volgende zin: 'Fijn dat u er zo betrokken bij bent, maar ik heb nog zo veel vragen, mag ik doorgaan?'

3.8.3 De afronding

Vraag aan het einde van het gesprek of de respondent zelf vindt dat alle onderwerpen voldoende aan bod geweest zijn. Zijn er nog zaken die hij wil aanvullen of toelichten? Neem hier even de tijd voor. Soms heb je tijdens het gesprek afgesproken dat je nog iets gaat doen, bijvoorbeeld het toesturen van het rapport na afloop van het onderzoek. Noteer dit bij afronding van het gesprek en noem het nog even aan de respondent. Overhandig daarna een eventuele vergoeding of presentje, bedank de respondent voor zijn tijd, neem afscheid en geef een hand. Het komt nogal eens voor dat mensen bij de deur nog iets essentieels zeggen of opmerken, als een soort laatste druppel. Je kunt daar zeker even op ingaan of over doorpraten. Maak hiervan direct na het gesprek nog een aantekening zodra dat kan, bijvoorbeeld in de trein of in de auto.

> Op de website vind je twee voorbeelden van onderzoek aan de hand van individuele interviews. Onder het kopje 'voorbeelden uit de praktijk' vind je het rapport *Patiënt of cliënt* van marktonderzoeksbureau Ferro Explore!. Dit onderzoek is uitgevoerd in opdracht van ING Medinet. Hier staat ook het rapport *Aanpak overgewicht onder kinderen in wijk Crabbehof*, een onderzoek dat is uitgevoerd door bureau Qrius in opdracht van de GGD Zuid Holland Zuid. Beide geven een beeld van kwalitatief marktonderzoek met individuele diepte-interviews.

Checklist
Een effectieve interviewer luistert actief naar de respondent.

De onderzoeker moet ervoor zorgen dat het gesprek soepel en plezierig verloopt.

In een interview observeer je de verbale en non-verbale communicatie van de respondent.

Als interviewer zet je zowel verbale als non-verbale communicatie in om het gesprek te voeren.

Je werkt als interviewer met zowel open als gesloten vragen.

Doorvragen is van groot belang. Alleen hierdoor krijg je echt diepgaand inzicht in het onderwerp.

Andere verbale gesprekstechnieken zijn: spiegelen, samenvatten, stilte en afkappen.

Maak rapport met de respondent door je gedrag, houding, stem, vragen en woordkeuze.

De non-verbale communicatie van zowel onderzoeker als respondent is van grote invloed op het interview.

Non-verbale communicatie bestaat uit vier elementen: gezichtsuitdrukking, lichaamshouding, stem en uiterlijke verschijning.

Verbale en non-verbale communicatie kunnen elkaar versterken of juist tegenspreken.

Als kwalitatief onderzoeker kun je verschillende gezichtsuitdrukkingen goed herkennen.

Je bent je bewust van het belang van je uitspraak en stem bij het voeren van interviews.

Tijdens een interview ben je als onderzoeker netjes en neutraal gekleed.

Een onderzoeker laat zich niet leiden door (voor)oordelen over het uiterlijk van de respondent.

Ieder interview kent een duidelijke opbouw met een begin, een midden en een eind. De interviewer leidt het gesprek door deze fasen heen.

De groepsdiscussie

4

4.1 Hoe werkt een groepsdiscussie?
4.2 Het leiden van een groepsdiscussie
4.3 Ondersteunende activiteiten om de discussie te leiden
4.4 Het plannen van de groepsdiscussie
4.5 Waarom een checklist?
4.6 Het opstellen van een checklist
4.7 Casus: het pretesten van communicatiemateriaal

In dit hoofdstuk bespreken we de groepsdiscussie. Dit hoofdstuk is bedoeld voor zowel beginnende als meer ervaren marktonderzoekers. De insteek is aan te geven hoe je het groepsgesprek goed kunt voorbereiden en leiden.
In paragraaf 4.1 gaan we in op de vraag wat een groepsdiscussie anders maakt dan een diepte-interview. Ook komt aan bod wanneer en waarom je deze onderzoeksvorm kunt inzetten. We geven praktische aanwijzingen voor de keuze van een ruimte, de grootte van de groep, het inschakelen van een notulist en de rol van de opdrachtgever.
Paragraaf 4.2 legt uit wat de rol is van een gespreksleider. Hij of zij moet het proces bewaken, de groep sturen en zorgen voor voldoende inhoud. Dat doet hij met behulp van de technieken die je bent tegengekomen in hoofdstuk 3. Ook gebruikt hij aanvullende gesprekstechnieken. Daarnaast zet een groepsleider andere werkvormen in. Deze lichten we toe in paragraaf 4.3.
In hoofdstuk 2 is besproken hoe je een kwalitatief onderzoek in praktische zin organiseert. Bij een groepsgesprek hoort ook een goede inhoudelijke voorbereiding. In paragraaf 4.4 gaan we na hoe het programma (of de agenda) van een bijeenkomst eruitziet en hoe lang deze kan of mag duren. De checklist voor het groepsgesprek geeft aan hoe je aan de bijeenkomst inhoudelijk vormgeeft. Naast een goede organisatie is deze checklist essentieel voor het welslagen van de bijeenkomst. In paragraaf 4.5 behandelen we wat een checklist is, in paragraaf 4.6 leggen we uit hoe je deze kunt maken. In paragraaf 4.7 sluiten we dit hoofdstuk af met een concrete case. We laten zien hoe een groepsdiscussie wordt ingezet bij kwalitatief marktonderzoek voor het pretesten van een reclame-uiting.

4.1 Hoe werkt een groepsdiscussie?

Naast het individuele interview is het organiseren van een groepsdiscussie de andere klassieke vorm van kwalitatief onderzoek. Marktonderzoekers gebruiken groepsdiscussies om ideeën te genereren, gevoelens in kaart te brengen, vast te stellen vanuit welke motieven consumenten handelen, inzicht te krijgen in de psychologie van de gebruiker en dergelijke. Naast een goede organisatie, zoals geschetst in hoofdstuk 2, is de persoon van de gespreksleider van groot belang voor het slagen van de discussie. De leider van een groepsdiscussie is neutraal, enthousiast en inspirerend, domineert niet en laat iedereen in zijn/haar waarde.

Wij kennen de groepsdiscussie ook onder andere namen zoals
- focusgroup (of in 'goed' Nederlands: focusgroep);
- discussion group of group session (discussiegroep of groepsbijeenkomst);
- workshop (werkbijeenkomst) of brainstormsessie.

Het belangrijkste kenmerk van de groepsdiscussie is dat er meerdere personen in een gesprek betrokken worden. De onderzoeker fungeert als gespreksleider en moet vorm geven aan de discussie. De deelnemers worden geconfronteerd met andere meningen, moeten de eigen mening soms verdedigen, meer uitleggen of misschien hun mening bijstellen. Dat maakt een groepsdiscussie uitermate geschikt voor gespreksonderwerpen waar nog weinig over bekend is of waar men op zoek is naar een nieuwe of andere invalshoek.

Een groepsdiscussie moet levendig verlopen. Deze foto is genomen tijdens een mini-groepsbijeenkomst bij marktonderzoeksbureau Ruigrok|Netpanel.

4.1.1 Wanneer zet je een groepsdiscussie in?

Groepsdiscussies leveren andere resultaten op dan individuele interviews, omdat de deelnemers elkaar onderling stimuleren om meer en dieper op een onderwerp in te gaan. Ze zijn daarom erg geschikt als je zoekt naar brede meningsvorming. Ook als er nog maar weinig bekend is over een onderwerp, als de meningen verdeeld zijn of als er zo veel mogelijk ideeën opgehaald moeten worden, levert een discussie goede resultaten. Bij een ideale discussie 'vergeten' de deelnemers dat ze in een groep met onbekenden zitten en ben je als interviewer getuige van een 'live' discussie over een onderwerp. Dit maakt groepsdiscussies vaak levensechter dan individuele interviews. Opdrachtgevers kijken graag mee bij groepsdiscussies. De echte, individuele, mening van alle deelnemers kom je in een discussie echter niet op alle punten goed te weten.

Er zijn onderwerpen waarvoor strenge of sociale normen gelden. Dan zal in een groep misschien minder gezegd worden dan in een interview. Denk maar aan fiscale aftrekposten, zwart werken of gebruik van illegale software. Bij dit type onderwerp moet je kiezen voor individuele interviews. Ook kun je beter individuele interviews in plaats van een discussie houden als de deelnemers onderling behoorlijk van mening verschillen, liever anoniem willen blijven of in een groep met concurrenten niet uit de doeken willen doen hoe zij zaken doen.

Een discussie in het marktonderzoek vindt vrijwel altijd plaats aan de hand van een lijst met vragen: de zogeheten checklist (zie paragraaf 4.5 en 4.6). Het is ook mogelijk om een vrije groepsdiscussie te houden; in dat geval oefent de interviewer nauwelijks invloed uit op de keuze van de aspecten en de volgorde waarin deze worden behandeld. Deze werkwijze kom je meer tegen in sociaalwetenschappelijk onderzoek. In tabel 4.1 vergelijken we de manier waarop kwalitatief onderzoek wordt uitgevoerd in de sociale wetenschappen met de manier waarop kwalitatief marktonderzoek wordt uitgevoerd dat bedoeld is voor directe praktische toepassing.

Tabel 4.1 Sociaalwetenschappelijk onderzoek in vergelijking met toegepast marktonderzoek

	Sociaalwetenschappelijk onderzoek	Marktonderzoek
Structurering	Open gesprek, minder strakke structuur, geen tijdschema's	Checklist, strakke regie volgens tijdschema en topics; uitzondering: reclameonderzoek waar men naar nieuwe zaken of invalshoeken op zoek is en zonder vaste regels brainstormt met respondenten
Doel	Toetsen hypotheses, waarheidsvinding	Marketingvraagstukken
Diepgang	Doorvragen naar onderliggende betekenis Gebruik van geavanceerde technieken (laddering, Delphi)	Minder diep doorvragen Gebruik van technieken die snel resultaat opleveren (collages, projectie)
Duur	2 uur of langer	1,5 tot 2 uur
Respondenten	Vaker onbetaald Vaker bekenden, geworven uit eigen kring	Vaker betaald Vaker onbekenden, geworven door selectiebureau
Onderwerpen	Vaak theoretisch vraagstuk	Vaak productkwaliteit, imago, test concepten, klanttevredenheid, naamsbekendheid, interne en externe communicatie

De groepsdiscussies vinden plaats in een voldoende grote, neutrale vergaderruimte, waarbij camera's of een one-way-screen ervoor zorgen dat de opdrachtgever vanuit een andere ruimte kan meekijken. Een discussie kan ook plaatsvinden op het kantoor van de opdrachtgever zelf. Bespreek in dat geval wel met de opdrachtgever dat dit de inhoud van de gesprekken kan beïnvloeden. Een groot en imposant gebouw kan ervoor zorgen dat mensen zich minder vrij voelen om kritische opmerkingen te maken. Omgekeerd kan een 'jaren zeventig'-pand dat achteraf op een industrieterrein ligt de respondenten het gevoel geven dat het toch allemaal niet zo veel uitmaakt wat ze zeggen.

> **Tip**
>
> **Geluid van meekijkers**
> Let erop dat de meekijkruimte en de onderzoeksruimte ver genoeg uit elkaar liggen. Meekijkers moeten soms lachen om uitspraken of meningen van respondenten of gaan zelf met elkaar in discussie. Het is voor jouw discussie niet echt bevorderlijk als jij en de deelnemers dit kunnen horen.

4.1.2 De groepsgrootte

De groepsgrootte voor een discussie kan variëren. Hier volgt een aantal overwegingen.

Minidiscussies met drie tot vijf personen bieden de gespreksleider de gelegenheid om het groepsproces strakker in de hand te houden en dieper op een onderwerp in te gaan; anders gezegd: je kunt beter focussen. Bij bepaalde beroepsgroepen, bijvoorbeeld specialisten of stakeholders, is het zelfs beter om in een kleinere groep te praten, om iedereen goed aan bod te laten komen. Nadeel is wel dat men diversiteit kan missen en enkele stille deelnemers hun stempel op de discussie kunnen drukken.

Groepen met zes tot negen personen zijn het best werkbaar. Iedereen komt aan bod. De deelnemers zijn goed rond een tafel te plaatsen en ook als enkele deelnemers weinig zeggen, valt dit niet in negatieve zin op.

Groepsdiscussies met meer dan tien personen worden minder vaak gehouden. Bij een grote groep is het onderlinge contact minder sterk. Nadeel is ook vaak, dat mensen in grote groepen de neiging hebben om tegelijkertijd te gaan praten of onderling kleine discussies te gaan voeren. Sommige mensen worden door een grote groep afgeremd en durven nauwelijks iets te zeggen of denken dat hun inbreng toch niet wordt gehoord. Voor de gespreksleider is dit een zware klus. Beginnende onderzoekers doen er daarom beter aan met een relatief kleine groep te beginnen.

> **Tip**
>
> **Meer mensen is niet beter**
> Sommige opdrachtgevers denken: hoe meer mensen, hoe representatiever de gegevens. Hierbij hoort de kanttekening dat kwalitatief onderzoek statistisch gezien qua aantallen nooit representatief is. Eén of twee deelnemers extra leveren geen representatiever resultaat op in statistische zin. Het doel van kwalitatief onderzoek is verdieping en daarom houd je een discussie die zo veel mogelijk diepgang en breedte aan argumenten en meningen oplevert.

Vaak is dat eerder te bereiken in een kleine groep dan in een grotere groep, omdat mensen in een kleinere groep gemakkelijker praten.

4.1.3 De notulist

Het leiden van een groepsdiscussie vraagt de volle aandacht van de groepsleider. Wat hij allemaal moet doen bespreken we hierna in paragraaf 4.2. Vaak wordt er tijdens de bijeenkomst een beeld- en/of geluidsopname gemaakt van wat er wordt besproken. Daarnaast wordt er bijna altijd een notulist aangetrokken die tijdens de bijeenkomst aantekeningen maakt van de meest opvallende uitspraken. Het inhuren van een notulist hoeft niet duur te zijn: er zijn meestal wel ouderejaarsstudenten te vinden die dit werk naar behoren doen. De rol van de notulist is zich op de achtergrond te houden: hij of zij neemt dus geen deel aan de discussie. De notulist bemoeit zich ook niet met het gesprek of het proces, zelfs niet als er naar zijn idee onderwerpen worden overgeslagen of belangrijke uitspraken blijven liggen. Een notulist zit te luisteren, te observeren en aantekeningen te maken. Vooraf ontvangt de notulist een lijst met de namen en eventuele achtergrondgegevens van de respondenten. Ook wordt hij in de gelegenheid gesteld om de checklist te bekijken. Zo weet hij wat de belangrijkste gespreksonderwerpen zijn en kan hij bepalen welke dingen hij moet opschrijven. Het is handig als de notulist bij de aantekeningen opschrijft op welk moment in het gesprek deze gemaakt werden. Hij kan daarvoor een stopwatch gebruiken, die bij voorkeur op exact dezelfde tijd start als de bandopname. Een notulist moet de privacy van de groepsleden bewaken. Om ieder risico te vermijden, is het wenselijk dat hij achteraf niet met buitenstaanders praat over de dingen die de respondenten gezegd hebben. Na afloop van de discussie helpt de notulist vaak met het ordenen van materiaal, het uitdelen van de vergoedingen en helpt hij de bezoekers bij het verlaten van het pand.

4.1.4 De opdrachtgever

Vaak kijkt de opdrachtgever mee tijdens één of meerdere groepsdiscussies. Hij of zij bevindt zich meestal in een andere kamer waar het gesprek gevolgd kan worden. Als het niet anders kan, is het ook mogelijk dat de opdrachtgever in dezelfde ruimte plaatsneemt als de respondenten. Het is niet wenselijk dat de opdrachtgever zelf aan de discussie deelneemt: de respondenten begrijpen heel goed dat deze persoon belang heeft bij de uitkomsten van het gesprek en zullen zich daardoor laten leiden in hun gedachten en uitspraken. Bij een goede voorbereiding zal het bijna nooit voorkomen dat de opdrachtgever tijdens het gesprek nieuwe vragen wil stellen. Het komt echter regelmatig voor dat de opdrachtgever naar aanleiding van de discussie aanvullende vragen wil stellen of wenst dat er dieper wordt doorgevraagd. Als deze situatie zich voordoet, dan kan de opdrachtgever dit aan de gespreksleider laten weten, bijvoorbeeld door middel van een notitiebriefje, een sms of mondeling tijdens de pauze. Direct na afloop van het gesprek, zodra de respondenten de ruimte hebben verlaten, bespreekt de gespreksleider samen met de opdrachtgever wat de belangrijkste uitkomsten van het gesprek zijn. Deze evaluatie achteraf is van groot belang: de opdrachtgever gaat met duidelijke conclusies naar huis en de onderzoeker weet wat de belangrijkste aandachtspunten zijn voor het rapport. Trek er daarom voldoende tijd voor uit.

4.1.5 Online groepsdiscussie

Het is tegenwoordig technisch gezien goed mogelijk om een online groepsdiscussie te organiseren. Dit is vooral handig als je wilt spreken met mensen uit verschillende landen of regio's binnen Nederland. Deelnemers aan het onderzoek zien elkaar via de webcam en praten via een headset met elkaar. Het voordeel van deze methode is dat de deelnemers aan het onderzoek direct vanuit de eigen omgeving kunnen inloggen, zonder vooraf software op hun computer te moeten installeren. Zij zijn dus niet afhankelijk van een locatie, maar kunnen vanaf iedere computer met internetverbinding inloggen. De opdrachtgever kan zowel online als live met de onderzoeker meekijken. Een aantal marktonderzoeksbureaus biedt deze mogelijkheid aan.

> **Tip**
>
> **Zo werkt de webcam**
> Op de website van marktonderzoeksbureau Ruigrok|Netpanel staat een filmpje over online kwalitatief marktonderzoek. Kijk op www.ruigroknetpanel.nl, onder 'wat doen wij' en kies 'webcam onderzoek'. Hier staan ook interessante filmpjes over onder andere usability-testing.

4.2 Het leiden van een groepsdiscussie

Het leiden van een groepsdiscussie vraagt meer kennis en vaardigheden dan het voeren van een individueel interview. De leider van de discussie gebruikt namelijk alle instrumenten die in het vorige hoofdstuk zijn besproken. Tegelijkertijd leidt hij het gesprek tussen meerdere mensen in een groep. De groep respondenten is niet willekeurig ontstaan: alle mensen zijn bij elkaar gekomen met als doel bij te dragen aan een kwalitatief marktonderzoek. De rol van de gespreksleider, ook wel 'moderator' genoemd, is het ervoor te zorgen dat dit gesprek goed verloopt. Dat betekent dat er inderdaad een gesprek plaatsvindt, maar ook dat de onderwerpen aan bod komen die hij vooraf heeft vastgelegd in een checklist. Het gesprek moet voldoende diepgang hebben. Doorvragen naar de motivatie en het waarom is van groot belang. Mensen moeten erop gewezen worden dat ze niet 'zomaar iets moeten roepen', maar echt moeten nadenken over de vragen die zijn gesteld. Daarnaast is de groepsleider verantwoordelijk voor de sfeer tijdens het gesprek.

Taken van de discussieleider
Tijdens het gesprek heeft de discussieleider de volgende taken:
- De agenda bewaken: zorgen dat alle stappen van gespreksopening tot afronding op een voldoende wijze worden doorlopen. Oppletten dat de geplande tijd niet wordt overschreden en ervoor zorgen dat de belangrijkste onderwerpen van de checklist aan bod komen.
- Het doel van het gesprek centraal stellen: de deelnemers zijn bij elkaar gekomen om te praten over hun meningen, gevoelens en gedachten over een bepaald onderwerp. De bijeenkomst kan gezellig

zijn, er mag gelachen worden, zolang er maar serieus wordt nagedacht en gepraat over de inhoudelijke vragen van de klant.
- Gesprekstechnieken op de juiste manier inzetten. De discussieleider stelt open en gesloten vragen, laat soms een stilte vallen, vat uitspraken samen en kapt waar nodig het gesprek af. Het gesprek kan korte tijd afdwalen van het eigenlijke onderwerp, maar als dit niet vanzelf daarbij terugkomt dan moet de leider hiervoor zorgen.
- Leidinggeven aan kleine en grote groepsactiviteiten, zoals het plakken van post-it briefjes op een flip-over of het doen van een rollenspel. Zie hiervoor ook paragraaf 4.3.
- Alle groepsleden op de juiste wijze bij het gesprek betrekken. De discussieleider zorgt ervoor dat stille mensen in de discussie worden betrokken door hen persoonlijk aan te moedigen, en remt op een vriendelijke manier de bijdrage van wel heel enthousiaste deelnemers. Hij voorkomt dat personen te dominant worden, dat een discussie polariseert of dat een onderwerp steeds weer terugkomt.
- De omgangsvormen en de sfeer in de groep bewaken. De discussieleider moet een veilige en open sfeer creëren. Dat doet hij door zijn eigen inbreng maar ook door zo nodig bij te sturen als de respondenten zich beledigend uitlaten over elkaar, als er grof gediscrimineerd wordt of als er schuine taal wordt gebruikt. Om de lijn in de discussie te houden mag de discussieleider de deelnemers corrigeren en verheldering geven bij onduidelijkheden.

4.2.1 De onervaren discussieleider

Startende kwalitatieve onderzoekers zien vaak meer op tegen het leiden van een groepsdiscussie dan tegen het afnemen van een individueel interview. Toch heeft iedereen wel enige ervaring met deze rol. Het leiden van een groepsdiscussie lijkt namelijk behoorlijk op het voorzitten van een vergadering. Als je maar duidelijk voor ogen houdt wat jouw taken zijn en actief stuurt in het gesprek, lukt het al heel aardig. Zorg dat je openstaat voor de mening van de mensen aan tafel, dat iedereen aan het woord komt en dat de groep niet te lang bij bepaalde gesprekspunten blijft hangen omdat je niet durft te onderbreken. Doe gewoon wat nodig is, grijp in als het gesprek een kant uitgaat die niet van belang is of die je niet wilt, vat kort samen en stel meteen de volgende vragen, want jij bent de gespreksleider!

De discussieleider let op de verbale en de non-verbale communicatie in de groep. Soms zie je iemand wegdutten, iemand anders knikt voortdurend als anderen iets zeggen maar zegt zelf niets; weer iemand anders wordt zichtbaar boos of zit zich te vervelen. Het is goed om deze mensen dan gericht aan te spreken en door te vragen naar hun mening of gevoel bij een bepaald thema of bij de discussie. Gebruik daarbij jouw waarneming van het gedrag dat je observeert. We geven hier een aantal voorbeelden.

■ **Voorbeeld 4.1 Verbale sturing geven aan een groep**
'Ik zie jullie allemaal druk bewegen en opveren. (korte stilte) Waarom? Wat is er bijzonder aan dit thema? Aan dit product?'
'Ik zie jou de hele tijd knikken, maar je zegt niets. (korte stilte) Licht eens toe? Wat is jouw mening?'

'Ik denk dat jullie dit niet meer interesseert, iedereen hangt achterover. (stilte, laat je woorden doordringen) Klopt dit? Waarom is dat?'

Laat de respondent uitspreken
Voorafgaand aan het gesprek maak je een lijst van onderwerpen. Deze staan in een logische volgorde. Het komt nogal eens voor dat een respondent spontaan over een onderwerp begint dat pas later in je checklist aan bod komt. Het is dan vaak lastig om hem of haar te onderbreken zonder dat je de sfeer in de groep negatief beïnvloedt. Laat een respondent dan toch uitpraten. Onthoud wat hij gezegd heeft en geef later, als je bij de vraag in je checklist komt, een korte samenvatting van wat al is gezegd. Vraag vervolgens aan de groep of iemand daar nog iets aan toe wil voegen.

Tip

Hoe red je het binnen de tijd?
Discussies kunnen oeverloos zijn en enorm uitlopen. Een strak tijdschema is van belang. Overleg daarom vooraf met de opdrachtgever welke thema's beslist aan bod moeten komen en welke thema's je, indien je tijd tekort komt, mag overslaan.

4.3 Ondersteunende activiteiten om de discussie te leiden

Als onderzoeker streef je naar een levendige discussie, waarbij mensen goed nadenken en invoelen wat zij van bepaalde producten, in bepaalde situaties, wensen en vinden. Om het gesprek op gang te brengen en voldoende diepte te krijgen, kun je gebruikmaken van de projectieve technieken en bijzondere onderzoeksvormen die aan bod komen in de volgende hoofdstukken. De inzet van deze middelen kost meestal behoorlijk wat tijd. Er is ook een aantal handige 'kleine activiteiten' die je kunt inzetten om het gesprek te leiden. Hier volgen de belangrijkste.

Gebruik een *flip-over* waarop je bijvoorbeeld plus- en minpunten of spontane associaties van de groep noteert. Het voordeel van een flip-over ten opzichte van een whiteboard of schoolbord is dat je de vellen kunt omslaan en bewaren. Zo kun je later terugkijken of terugbladeren tijdens de discussie.

Zorg dat je niet op één plaats stilzit: ga soms ook even staan en lopen. Zorg ook voor enige *dynamiek* in de groep: laat respondenten liever niet de hele tijd stilzitten. Dat kan bijvoorbeeld door ze te vragen om hun mening op een post-it briefje te schrijven en de briefjes op vellen per thema te laten plakken. Je zorgt ervoor dat de vellen op verschillende plaatsen in de ruimte hangen.

Gebruik *invullijsten* waarop respondenten hun individuele mening kunnen noteren. Vergeet niet om de respondenten hun (voor)naam te laten noteren. Zorg ervoor dat men de lijstjes niet meeneemt; je hebt ze nodig voor je analyse. Bewaak de privacy van de respondenten door de lijsten te verzamelen en ze buiten het zicht van de opdrachtgever te houden.

Laat respondenten een aantal vragen *scoren* door middel van rapportcijfers die men ieder voor zich op een invulformulier kan aangeven. Door middel van een gespreksrondje kun je dan de cijfers die zijn gegeven, evalueren. Vraag waarom de ene persoon een 10 geeft en een ander een 6. Je kunt ook vragen om als antwoord op een vraag kaartjes op te steken met de kleur groen (mee eens), oranje (neutraal) of rood (oneens). Dynamiek krijg je door mensen met dezelfde mening te vragen vlak bij elkaar in de ruimte te gaan staan of zitten. Bij iedere vraag ontstaat er een nieuwe schikking van de groep.

Geef mensen de opdracht om in *tweetallen* iets te bespreken. Maak daarna een rondje om gezamenlijk te evalueren.

Las korte *leespauzes* in waarin respondenten iets kunnen doornemen of bekijken. Gebruik het einde van de pauze om mensen op een andere plaats te zetten. Laat mensen bijvoorbeeld om en om twee stoelen *opschuiven*.

Laat respondenten een product *beoordelen* aan de hand van een vooraf gemaakte set met kaartjes waarop producteigenschappen staan. Bijvoorbeeld bij een huishoudelijk product kan het gaan om aspecten als praktisch, tijdbesparend, duur, gemakkelijk schoon te maken, groot, lastig op te bergen. De respondenten leggen de kaartjes in kolommen; in de linkerkolom ligt dan bijvoorbeeld wat men zeer belangrijk vindt, in het midden de twijfelkaartjes en rechts wat men onbelangrijk vindt. Nummer de kaartjes en laat de nummers noteren, anders ben je na afloop de resultaten kwijt.

Kopieer logo's of merktekens van vergelijkbare producten op kleine kaartjes en laat deze door de respondenten op een A3-vel plaatsen waarop jij van tevoren door middel van een *assenkruis twee dimensies* hebt aangegeven. Vragen hierbij zijn: 'Benoem de uitersten van dit kwadrant', 'Wie plaats je naast wie?', 'Waarom staat of ligt de ene kaart of dit product meer bij de dimensie modern en de andere meer bij de dimensie ouderwets?' Deze techniek noemt men ook wel 'ordenen'.

Laat respondenten *zinnen afmaken*, bijvoorbeeld: 'Ik zou helemaal ongelukkig zijn als ik...', of 'Dit product geeft me de kans om...'. Je kunt ook stellingen uitspreken of op een bord schrijven. Laat de deelnemers hun hand opsteken om aan te geven of zij het met die stelling eens of oneens zijn. Het doel hiervan is de discussie op gang brengen. Bespreek daarom met de groep vervolgens de verdeling en de achterliggende redenen.

Organiseer een klein *rollenspel*. Je verdeelt de respondenten in twee groepen en iedere groep speelt een reclamebureau. De bedoeling is binnen een vastgestelde tijd een slogan of een korte tekst voor een mogelijke campagne te bedenken.

■ **Voorbeeld 4.2 Een pakkende naam**
Zowel kleine als grote activiteiten worden met meer enthousiasme opgepakt als ze een mooie naam krijgen. Zo noemt men het aanvullen van zinnen ook wel de 'sentence completion'-methode. Voor het 'hardop denken' gebruikt men ook wel de term TAM (thinking aloud method), en het sorteren van kaartjes kun je ook 'productevaluatie aan de hand van kenmerken' noemen.

Misschien bedenk je zelf wel een nieuwe techniek, die, voorzien van een pakkende naam, deel gaat uitmaken van het arsenaal aan kwalitatieve onderzoeksmethoden.

4.4 Het plannen van de groepsdiscussie

De duur van een groepsgesprek kan per situatie verschillen. De kortste bijeenkomsten duren een uur. Lange bijeenkomsten duren maximaal een dagdeel: ongeveer 3,5 uur. Nog langere bijeenkomsten hebben meestal geen zin: mensen hebben op een gegeven moment wel alles verteld wat ze weten of nog serieus kunnen bedenken. Net als het individuele interview doorloopt een groepsgesprek een vast patroon. De onderzoeksvraag bepaalt hoe je de bijeenkomst inricht. Je kunt natuurlijk vooral vragen gebruiken om te discussiëren, maar je kunt er ook voor kiezen om de discussie te ondersteunen met kleine activiteiten zoals genoemd in de vorige paragraaf of er zelfs voor kiezen om meer tijdrovende technieken in te zetten zoals een collage maken. Het aantal gespreksonderwerpen samen met activiteiten die je wilt inzetten bepaalt de hoeveelheid tijd je in totaal nodig hebt om een goede groepsdiscussie te voeren.

De agenda van een groepsdiscussie
1. Aankomst, ontvangst bezoekers (houd rekening met mogelijke laatkomers tot ongeveer 15 minuten)
2. Introductie van de bijeenkomst en het onderwerp door gespreksleider
3. Kennismakingsrondje, naambordjes maken
4. Activiteit ter voorbereiding van het gesprek (optioneel)
5. De feitelijke groepsdiscussie aan de hand van onderwerpen
6. Afronding van de discussie
7. Vergoeding (reiskosten en attentie of incentive)
8. Afscheid nemen
9. Nabespreking met de opdrachtgever en de notulist
10. Voordat je de ruimte verlaat, loop je je eigen aantekeningen door en vult ze waar nodig aan, orden je het materiaal, leg je de nummering vast en neem je eventueel gebruikte flip-overs mee.

4.5 Waarom een checklist?

Voor de uitvoering van individuele interviews of groepsdiscussies wordt vrijwel altijd een checklist gebruikt. Andere benamingen die je in de literatuur kunt tegenkomen zijn vragenlijst, topiclijst, gesprekspuntenlijst, interviewleidraad.

De aanduiding checklist wordt in marktonderzoek het meest gebruikt, daarom hanteren ook wij deze term. De inhoud van je checklist is in grote mate bepalend voor de resultaten van je onderzoek. Hierin staat namelijk beschreven welke onderwerpen, met welke vragen en technieken, je de respondent wilt voorleggen. Ook geeft de checklist aan op welke wijze en in welke volgorde je dat beoogt te doen. Een checklist is dan ook meer dan een opsomming van vragen: het is je leidraad voor de inhoud en de richting van het vraaggesprek.

Tip

Voorbeeld checklist
Kijk voor een voorbeeld van een checklist op de website bij dit boek: het rapport *Gazelle: pretest commercial* en het rapport *Patiënt of cliënt* bevatten ieder in de bijlage een checklist. Deze rapporten vind je op www.kwalitatiefmarktonderzoek.noordhoff.nl, onder 'Voorbeelden uit de praktijk'.

Je bent minder tijd kwijt als je ter voorbereiding alleen wat trefwoorden noteert of een lijstje maakt van de belangrijkste vraagpunten; bijvoorbeeld: communicatie, klantvriendelijkheid, aandacht voor klant, smaak, kleur, verpakking. Dit wreekt zich echter tijdens het gesprek: het loopt niet soepel, je krijgt te weinig informatie van de respondenten of belangrijke vragen blijven onbeantwoord. Maak daarom altijd een uitvoerige vragenlijst en schrijf de vragen helemaal uit. Houd er rekening mee dat je de vraagstelling in het gesprek vaak aanpast aan de groep. Een groepsdiscussie is een dynamisch proces: het komt nogal eens voor dat de discussie zich zo ontwikkelt dat je er goed aan doet om de volgorde van vraagblokken om te draaien. Soms krijg je onverwachte antwoorden waarop je moet doorvragen. Waarom maak je dan toch een uitgewerkte lijst? De lijst is nodig om te zorgen dat alles aan bod komt, dat je een goede tijdsplanning maakt en dat je deze tijdens het gesprek ook handhaaft. Dankzij de checklist heb je altijd – ook als de volgorde van onderwerpen verandert – een goed overzicht van alles wat aan bod moet komen. De checklist is ook noodzakelijk voor het overleg met de opdrachtgever. Aan de hand van een uitgebreide lijst krijgt hij een goede voorstelling hoe de discussie gaat verlopen en wat er allemaal aan bod gaat komen. Dit zorgt ervoor dat je tijdens het gesprek minder hoeft te improviseren en het voorkomt teleurstelling achteraf bij de opdrachtgever.

De brainstormsessie
Niet altijd is een checklist nodig. Tijdens een brainstormsessie kun je voor de klant zo veel mogelijk ideeën over een vraagstuk of nieuw product genereren. Je geeft de deelnemers alle ruimte om een thema te bespreken. Let er wel op dat sommigen niet de discussie domineren en dat mensen niet elkaars ideeën gaan beoordelen. Het is de bedoeling vooral het creatieve proces te bevorderen. Ga niet te snel evalueren, maar geef de deelnemers de tijd om te 'brainen'. De interactie in de groep moet er vooral op gericht zijn elkaar ruimte te geven zonder elkaars ideeën af te kraken; alles moet ertoe leiden gezamenlijk tot nog meer ideeën te komen. Na afloop volgt er een slotbeoordeling van de gegenereerde ideeën aan de hand van door de groepsleider of de groep zelf opgestelde criteria.

Tip

Online brainstormen
Er is een aantal marktonderzoeksbureaus, waaronder ISIZ, die de mogelijkheid bieden online een brainstormsessie te houden. Het voordeel van deze werkwijze is dat je relatief goedkoop en gemakkelijk een grote groep respondenten bij het onderzoek kan betrekken. Er is minder onderlinge beïnvloeding, waardoor er meer verschillende ideeën worden gegenereerd. De bijeenkomst kan – afhankelijk van de gewenste doelgroep – soms ook op kortere termijn plaatsvinden.

4.6 Het opstellen van een checklist

In paragraaf 4.4 lieten we zien dat elke discussie een aantal min of meer vaste elementen kent. Om een goede checklist te maken geven we hier voor de belangrijkste elementen concrete aanwijzingen.

4.6.1 Introductie en kennismaking

Elke gesprekssituatie, of het nu een interview betreft of een groepsdiscussie, begint met een toelichting op de gesprekssituatie en een korte inleiding op het thema. Je bent verplicht om te melden dat er beeld- of geluidsregistraties worden gemaakt. Het komt gelukkig heel zelden voor, maar als deelnemers principiële bezwaren hebben tegen de opname, moet je de recorder uitzetten. Daarom is het belangrijk dat er een notulist in de ruimte zit die alles opschrijft. Als er meekijkers zijn, moet ook dit gemeld worden. Daarna begint een discussie altijd met een kennismakingsrondje. Vaak worden daarbij naambordjes gebruikt. In een kleinere groep waarin mensen elkaar bij de voornaam noemen, is dat niet nodig. Geef duidelijk aan wat je wilt dat mensen aan elkaar vertellen bij het voorstellen; bijvoorbeeld: wat hun dagelijkse bezigheden zijn, hoe oud ze zijn en wat hun gezinssituatie is.

Tip

Bewaak de tijd
Bedenk dat het rondje niet lang mag duren. Als je vraagt naar de hobby's én banen van de deelnemers, dan is het risico dat men lang en enthousiast gaat uitweiden. Je moet dan als groepsleider steeds afkappen en dat is niet prettig.

Begin met voorstellen bij jezelf. De groepsleden weten dan beter welk verhaaltje van hen verwacht wordt. Als je hiermee wacht totdat iedereen zich voorgesteld heeft, ontstaat er vaak een wat ongemakkelijk moment als jij je dan nog moet voorstellen, terwijl iedereen verwacht dat nu de discussie begint. In de volgende tips staat hoe je wat luchtiger over de aanwezigheid van camera's en/of meekijkers kunt praten en hoe je een voorstelrondje kunt verlevendigen.

Tip

Uitleg aanwezigheid camera
Meestal maken we rond de camera en het feit dat er wordt opgenomen een grapje, zo van: 'Het is niet voor een bepaald merk, dus u komt niet op tv. Jammer, hè?' Ook het feit dat er meekijkers zijn, kun je met een knipoog afhandelen. Zo kun je vertellen dat jij hen liever niet aan tafel wilt hebben, omdat zij anders het gesprek bepalen door alles uit te leggen of te verdedigen.

Tip

Voorstelrondje
De meeste rondjes lopen met de klok mee. Je ziet enkele deelnemers al zenuwachtig worden. Leuker is het om een bal of een prop van papier te maken en die naar een willekeurig iemand te gooien. Die start met zijn verhaal over hobby's, familie en beroep en gooit de bal vervolgens naar de volgende tot iedereen aan tafel aan bod is geweest.

Hoewel je als onderzoeker weet dat een gesprek officieel moet worden ingeleid en afgesloten, is het toch raadzaam om deze items op de checklist te vermelden (zie voorbeeld 4.3). Niet zozeer omdat je het door de zenuwen zou kunnen vergeten, alswel om aan de opdrachtgever te verantwoorden hoe je het gesprek opbouwt en afsluit. Met hem of haar vindt immers tussentijds overleg plaats over de checklist en dus moeten de inhoud en opbouw van het onderzoeksvraaggesprek zo volledig mogelijk worden weergegeven. Zet daarom onderaan je checklist als herinnering voor jezelf de zin: bedanken voor de medewerking en het boeiende gesprek. Respondenten verdienen na afloop altijd een compliment voor hun bijdrage.

■ **Voorbeeld 4.3 De inleiding op de checklist**
Het eerste item op de checklist, is de inleiding. Deze ziet er als volgt uit:
Introductie op het gesprek:
- uitleg onderzoekssituatie: doel, camera, notulisten, meekijkers;
- kort voorstelrondje.

4.6.2 Hoofd- en subthema's

In het middendeel van je checklist leg je de inhoud van het feitelijke gesprek vast. Dit deel is voor elk onderzoek uniek. Je geeft een overzicht en een uitwerking van de (mogelijke) thema's of vragen van je opdrachtgever die je aan de orde gaat stellen. Voor dit deel van de checklist moet je je eerst verdiepen in de doel- en vraagstelling van het onderzoek. Wat wil de klant weten? Welke details spelen allemaal een rol? In alle gevallen onderscheid je relevante hoofd- en subthema's (onderwerpblokken) in je checklist. Je wilt het bijvoorbeeld hebben over de vormgeving van een affiche, met als subthema's het kleurgebruik of lettertype. Verder is ook de ordening van je hoofd- en subthema's van belang. Ze moeten goed worden gegroepeerd en in een logische volgorde staan.

Tip

Verdiep je in het onderwerp
Door middel van Google, vakbladen en gesprekken met bekenden kun je voorafgaand aan het gesprek al veel te weten komen over het onderwerp. Dat is handig, omdat je het jargon leert kennen. Hierdoor kun je een betere checklist maken en heb je tijdens het gesprek meer ruimte om in te spelen op de dingen die gezegd worden.

In voorbeeld 4.4 laten we zien hoe vanuit een probleem een onderzoeksvraag is opgesteld. De genoemde hoofdthema's of subthema's kun je in je gesprek behandelen.

■ **Voorbeeld 4.4 Wegener Arcade**
Uitgeverij Wegener Arcade startte enkele jaren geleden met de uitgifte van een nieuw tijdschrift met de titel *Housen,* speciaal gericht op liefhebbers van nieuwe housemuziek. Een gat in de markt, zo dacht men bij Wegener Arcade, maar helaas bleef het aantal aanmeldingen van nieuwe abonnees ver achter bij de verwachtingen. De redactie besloot te onderzoeken waar dit aan lag. Als onderzoeksdoelstelling werd geformuleerd: 'Achterhalen in hoeverre de huidige bladformule van *Housen* aansluit bij de wensen en behoeften van

houseliefhebbers en welke behoeften er verder zijn, teneinde wenselijke verbeteringen toe te passen en zodoende te komen tot een hoger oplagecijfer.' De eindredacteur overlegde met de andere redactieleden en formuleerde toen de volgende globale gespreksthema's:
- Inhoud: hoe beoordelen lezers van *Housen* de inhoud van het tijdschrift?
- Opmaak: in hoeverre voelen lezers zich aangesproken door de opmaak?
- Prijs: hoe staan de lezers tegenover de prijs van het tijdschrift?

Vervolgens werden de hoofdthema's door de eindredacteur als volgt onderverdeeld in subthema's:

Hoofdthema	Subthema
Inhoud	Informatiebehoefte
	Informatiegehalte
	Schrijfstijl / invalshoek artikelen
	Suggesties voor onderwerpen
	Pakkende titel
Opmaak	Inhoudsopgave
	Illustratiemateriaal
	Bladindeling
	Kleurgebruik
	Lettertype
	Abonnementen
Prijs	Losse verkoop

Volgorde van thema's en vragen

Niemand vraagt zomaar lukraak van alles aan een respondent. Van tevoren heb je altijd een bepaalde volgorde en opbouw van je vragen bepaald. Voor de opbouw van je gesprek geldt: begin met eenvoudige vragen, zoals vragen naar de achtergrond of ervaringen van vroeger. Start dan pas met toepassing van technieken. Respondenten moeten eerst gewend zijn aan de gesprekssituatie, voordat zij zich vrij voelen om van alles te doen, te bedenken of te zeggen. Zorg ervoor dat iedereen zijn eigen stem al een keer heeft gehoord.

Enkele tips om een ordening aan te brengen in de volgorde waarin hoofd- en subthema's aan bod komen:
- Plaats eenvoudige thema's voorop, moeilijkere thema's in het midden of achteraan.
- Behandel de thema's alsof het een trechter is: van algemeen naar specifiek, van breed naar smal, van abstract naar concreet.
- Stel eerst kennis- en ervaringsvragen, daarna pas meningsvragen. Zo kun je de mening ook beter tegen de achtergrond van de respondent plaatsen.
- Formuleer de vragen in eerste instantie zo open en ruim mogelijk en maak ze – naarmate het gesprek over het onderwerp vordert – steeds specifieker.

In voorbeeld 4.5 laten we zien hoe bepaalde vragen zijn geclusterd naar thema en 'moeilijkheidsgraad'.

■ **Voorbeeld 4.5 Een cluster van onderzoeksvragen**
In dit voorbeeld zie je hoe vragen over het informatiegehalte van het blad *Housen* van breed naar specifiek kunnen lopen.

Informatiegehalte:
1 Sluit de informatie in dit blad voldoende aan bij je interesse of je behoefte aan informatie?
2 Welke rubrieken lees je altijd/zou je altijd lezen? Welke soms en welke nooit? Motivatie? Tonen op flip-over en bespreken!
3 Hebben de redacteuren van dit blad voldoende kennis over de housescene?
4 Is de informatie die gegeven wordt actueel?
5 Welke doelgroep wordt voornamelijk aangesproken?
6 Is dat de juiste doelgroep?
7 Reken jij jezelf ook tot de doelgroep?

Meekijkers en -lezers
Vermeld nooit het onderwerp, het doel van het onderzoek of de opdrachtgever in grote letters in de titel van de checklist. Bijvoorbeeld *Checklist Coca-Cola* of *Mannen en anti-age huidproducten*. Wanneer respondenten de checklist zien liggen of kunnen meelezen heb je aan hen het antwoord op de vraag naar de producent, het product of de doelgroep al gegeven...

Afsluiting
Ook de afsluiting van het onderzoek staat als item op de checklist vermeld. Vaak draagt deze de sprekende kop 'tot slot'. Hier vraag je of respondenten nog op- of aanmerkingen hebben naar aanleiding van hetgeen met hen is besproken. Is dit niet het geval, dan wordt het gesprek afgerond door de respondenten vriendelijk te bedanken voor hun medewerking en overhandig je de vergoeding.

Tijdsbesteding per onderwerp
Zet bij elk hoofdthema of onderwerpblok dat je wilt behandelen de tijd die je nodig denkt te hebben. Om een voorbeeld te geven: een korte inleiding duurt ongeveer vijf minuten, bespreking van het leesgedrag bijvoorbeeld tien minuten, maar de mening over de inhoud twintig minuten of meer. Houd er bij de planning van meerdere bijeenkomsten op één dag rekening mee dat gesprekken kunnen uitlopen doordat deelnemers te laat zijn of dat je opdrachtgever wat uitgebreider wil praten dan gedacht. Houd er rekening mee dat je na afloop de ruimte ook nog wilt opruimen en wilt klaarmaken voor de volgende groep. Plan dus liever te veel tijd dan te weinig. De respondenten plannen ook andere activiteiten na de discussie. Het is erg vervelend als zij eerder weg moeten, omdat bijvoorbeeld de oppas naar huis moet en jij nog niet alle vragen hebt gesteld.

Een onopvallende klok
Het is handig ergens op een centrale plek in de ruimte een klok te hangen waar je ongemerkt op kunt kijken. Als je voortdurend op je eigen horloge kijkt, merken deelnemers dat en worden onrustig of worden zich erg bewust van de tijd.

4.7 Casus: het pretesten van communicatiemateriaal

Als voorbeeld geven we in deze paragraaf aan hoe je met kwalitatief onderzoek een advertentie, spotje, brochure of boek kunt testen. Dit 'pretesten' is een techniek, eigenlijk een aparte vorm van onderzoek, die in kwalitatief onderzoek erg vaak gevraagd en gebruikt wordt.

Het onderzoek bestaat vaak uit een groepsbijeenkomst waar zowel met de individuele respondenten als met de gehele groep wordt gepraat. Omdat het maken van een complete uiting duur is, praat men meestal over het idee of concept. Dit wordt zichtbaar gemaakt aan de hand van schetsen of foto's, muziek en/of slogans. Het onderzoek is bedoeld om foute concepten op tijd te herkennen en goede concepten nog beter uit te werken. Meestal is de reclame-uiting nog niet helemaal af. Voor men een spotje opneemt, wordt eerst een 'storyboard' getekend en getest. Dit zijn plaatjes van elk shot dat een reclamebureau in een spotje wil gebruiken. Soms neemt men de tekeningen achter elkaar op video op en zet er geluid onder of spreekt de tekst in. Dat heet een 'moving storyboard'. Ook al zijn tekeningen natuurlijk nooit de echte beelden, je test toch de verhaallijn en de vormgeving. Het maken van een spotje met acteurs en locaties zou voor een test te duur zijn. Omdat de kosten voor een pretest zich meestal ruimschoots terugbetalen, worden tegenwoordig vrijwel alle campagnes die reclame- of ontwerpbureaus maken, gepretest.

Hoe is zo'n pretest opgebouwd? Eerst wordt een korte inleiding op het gesprek gegeven zonder te verklappen waarover het gaat en wie de zender is. Daarna krijgen respondenten een communicatie-uiting kort te zien en wordt gevraagd naar hun eerste reactie(s) op het materiaal (bijvoorbeeld: tv-spotje, brochure, website). Vervolgens wordt het materiaal langer getoond en meer in detail besproken waarbij onderwerpen als nieuwswaarde, aantrekkelijkheid, geloofwaardigheid, toepasselijkheid en verwacht effect ruim aan bod komen. Het gesprek wordt afgerond met het vragen naar een algemene eindbeoordeling van het getoonde materiaal.

Bij de pretest van een spotje komen steeds dezelfde vragen terug. Na de eerste keer 'heel kort' laten zien, vraag je vervolgens aan de respondent: 'Wat heeft u nu gezien?' en 'Waar ging het hier over?' In vaktermen noemt men dit de 'eerste recall'. Vervolgens laat je een uiting langer zien en praat je met de deelnemer verder over zijn of haar tweede indruk. Interessant is om te weten te komen of respondenten als ze langer kijken, nog iets zien wat hun eerst niet was opgevallen. Vervolgens gaat de onderzoeker dieper in op de doelgroep, de vormgeving, de zender, de slogan en nog meer zaken die de opdrachtgever interessant vindt. We geven hierna een voorbeeld van een checklist zoals die voor de pretest van een televisiespotje is gebruikt. In feite kun je voor elke pretest dezelfde vraagvolgorde en hetzelfde type vragen hanteren.

Checklist pretest tv-spot voor Aids campagne

CHECKLIST: PRETEST SPOTJE
VORM: Individuele interviews van 30 minuten
PROJECT: HR2210
OPZET: Tonen van de conceptversie van de televisiespot en beoordeling

A Korte introductie
Naam respondent
Uitleg gesprekssituatie

B1 Reacties na de eerste vertoning van de spot
Recall
Interviewer: Ik laat je nu heel kort een spotje zien over gezondheidszorg. Graag na afloop je eerste reactie.
1 Kun je vertellen wat je allemaal gezien hebt? Waarover gaat de spot?
2 Wat wil de spot duidelijk maken? Wat is de boodschap?
   (Goed letten op de woorden die men noemt)
Doelgroep en zender
1 Voor wie is deze spot bedoeld? Wie wil men aanspreken?
2 Waaruit leid je dat af?
3 Voel jij je door dit spotje aangesproken? Waarom wel of niet?
4 Wie is de zender van deze spot? Wie zit hierachter?

B2 Reacties na tweede vertoning
Eventueel extra toelichting geven, zoals: 'Het afgelopen jaar werd een toename geconstateerd in het aantal hiv-besmettingen. Dit heeft de GG&GD doen besluiten om een landelijke voorlichtingscampagne op te starten. Een belangrijk onderdeel van deze campagne is een televisiespotje, waarin hiv-geïnfecteerden wijzen op de mogelijke gevolgen van onveilig vrijen. Echter, voordat het spotje daadwerkelijk vertoond zal worden, wil de GG&GD weten in hoeverre de spot duidelijk, begrijpelijk en aansprekend is voor de gewenste doelgroep. Vandaar dat we jou vandaag vragen naar je mening over het spotje.'

Tweede recall
Interviewer: Ik laat het spotje nu nog eens zien. Je mag er ook meerdere keren naar kijken.
1 Zag of hoorde je nog dingen die je eerst niet waren opgevallen?
2 Is het spotje duidelijk of zijn er onduidelijkheden?
3 Indien nog niet genoemd: is de doelgroep duidelijk geworden en de zender?
4 Komt de spot nu anders over dan na de eerste keer zien?
5 Indien nog niet spontaan genoemd: welke tekst laten ze zien? Wat staat er?
6 Herhalen: wat wil men zeggen met de woorden 'Voor je het weet, heb je aids'?

C Nieuwswaarde, belang en effect van de campagne
Nieuwswaarde en aansprekendheid
1 Vertelt dit spotje je iets dat je nog niet wist?
2 Is het realistisch wat ze hier laten zien?
3 Hoe beoordeel je de vorm van het spotje?
4 Wat vind je van de acteurs? Het type?
5 Heb je iets dergelijks al eerder op televisie gezien? *(Herinnering eerdere campagnes)*

Kritiek en verbeteringen
1 Kun jij je voorstellen dat mensen kritiek op de spot hebben? Wie en welke kritiek?
2 Heb jij zelf ook vragen of kritiek bij deze spot?
3 Wat zou jij anders gaan doen, wat zou je zo houden?

Effect
1 Wat voor effect hebben deze spotjes? Hoe zullen mensen erop reageren?
2 Sommige mensen vinden dat je dit thema best op een heftige wijze mag aankaarten, anderen denken dat dit op televisie eigenlijk niet kan. Wat is jouw mening?
3 Denk je dat mensen op basis van het zien van dit spotje behoefte hebben aan meer informatie? Welke?

D Eindbeoordeling

Op de website vind je meer voorbeelden van onderzoek met groepsgesprekken. Kijk onder 'voorbeelden uit de praktijk'. In het rapport *Digibyte, digibabe, digibeet* vind je in hoofdstuk 5 een verslag van groepsdiscussies over de vraag waarom mensen geen gebruikmaken van internet. Ook het *Onderzoek Deltaplan Techniek* doet verslag van een onderzoek met behulp van groepsdiscussies.

Checklist

Kenmerk van een groepsdiscussie is dat de deelnemers elkaar inspireren en stimuleren om dieper op een onderwerp in te gaan. Deze vorm van onderzoek is dus interactief.

De groepsgrootte kan verschillen. De voorkeur gaat uit naar een groep van minimaal drie en maximaal tien personen.

Met behulp van de juiste techniek kun je tegenwoordig ook een online groepsdiscussie organiseren.

Als kwalitatief onderzoeker vervul je regelmatig de rol van leider van een groepsdiscussie (moderator).

Het leiden van een groepsdiscussie lijkt op het leiden van een vergadering.

Ook een onervaren discussieleider kan interessante informatie uit een groep halen.

Tijdens een groepsdiscussie last men vaak activiteiten in om het geheel levendiger te maken.

Activiteiten die zich lenen voor een groepsdiscussie zijn zeer divers van aard. Deze variëren van deelopdrachten in groepjes tot de inzet van complete projectieve technieken. Wat dit zijn bespreken we in het volgende hoofdstuk.

De duur van een groepsdiscussie is vooraf gepland. De gespreksleider zorgt voor de agenda en bewaakt de tijdsduur.

De checklist geeft weer welke vragen tijdens de discussie worden gesteld. Deze laat ook zien welke activiteiten – op welke wijze – zullen plaatsvinden.

De inhoud van de checklist is bepalend voor de informatiewaarde van de bijeenkomst. Stem deze vooraf met de opdrachtgever af.

Bij het vaststellen van de checklist denk je na over de eerder geformuleerde onderzoeksvragen.

Houd er rekening mee dat je soms bepaalde punten van de checklist moet inkorten of overslaan. Stel vooraf prioriteiten.

Het meekijken van de opdrachtgever en het gebruik van de camera mogen alleen plaatsvinden als de respondenten hier uitdrukkelijk toestemming voor geven. Vraag al bij de werving of men dit bezwaarlijk vindt, om problemen later te voorkomen.

Projectieve technieken

5.1 Werken met projectieve technieken
5.2 De workshop
5.3 Het rollenspel
5.4 Hardop denken
5.5 Collages
5.6 Cartooning en thought bubbles
5.7 Personificatie
5.8 Fotosoort en moodboards
5.9 Waardebeelden
5.10 Storytelling

Als onderdeel van het interview of de groepsdiscussie kun je gebruikmaken van projectieve technieken. Dit zijn gespreksvormen of activiteiten die gesprekken meer diepgang geven. Voorbeelden zijn het maken van collages of cartooning. Deze technieken zijn effectief, eenvoudig toe te passen, geven goede inzichten voor je klant en kosten weinig.

In paragraaf 5.1 geven we een kort overzicht van de projectieve technieken. Die technieken gebruik je om deelnemers aan het praten te krijgen en om onbewuste en onderliggende motieven zichtbaar te maken. In paragraaf 5.2 bespreken we het werken met rollenspelen. Door het werken met kleine groepjes nodig je ook de 'stille' deelnemers uit tot praten. Collages, ofwel: knippen en plakken, komen aan bod in paragraaf 5.3. De meeste mensen, ook volwassenen, vinden dit erg leuk om te doen. Bij de techniek van het 'cartoonen' (paragraaf 5.4) nodig je mensen uit om woorden in de mond te leggen van bekende stripfiguren of een verzonnen tekening. Dit kan verrassende informatie opleveren. In paragraaf 5.5 bespreken we de personificatietechniek. Dit is de meest klassieke én meest gebruikte kwalitatieve techniek: diensten of producten worden vergeleken met een persoon. Met behulp van de moodboards uit paragraaf 5.6 kunnen mensen op een indirecte manier praten over producten. Door middel van foto's maak je de discussie los. Het gebruik van waardebeelden (paragraaf 5.7) lijkt op het werken met moodboards. Hierbij zijn echter de achterliggende waarden expliciet benoemd. Dit geeft wat meer sturing aan het gesprek.

5.1 Werken met projectieve technieken

Voor bepaalde onderzoeksvragen is het zinvol om tijdens diepte-interviews en groepsdiscussies zogenoemde projectieve technieken te gebruiken. Projectieve technieken hebben tot doel om emotionele of rationele remmingen weg te nemen bij de respondent. Aan de deelnemers wordt gevraagd zich in te leven in een bepaalde situatie, persoon of verhaal. Zij krijgen vervolgens vragen te beantwoorden betreffende deze situatie. Met projectieve technieken kan waardevolle informatie worden achterhaald die met 'gewone' vraagtechnieken niet kan worden verkregen, omdat je via deze technieken op een meer stimulerende wijze dan alleen met vraag-antwoord een gesprek met mensen houdt.
De projectieve technieken die het meest worden gebruikt in kwalitatief onderzoek zijn:
- rollenspel en storytelling;
- collages;
- cartooning;
- personificatie;
- fotosoort en moodboards;
- waardebeelden.

Er bestaan ook technieken die meer geschikt zijn voor fundamenteel, wetenschappelijk onderzoek. Informatie van bureaus of kwalitatieve onderzoekers van universiteiten die een speciale techniek gebruiken, vind je via zoekmachines op het internet.

5.2 De workshop

Projectieve technieken pas je toe tijdens het groepsgesprek. Je kunt de deelnemers vóóraf een opdracht geven, zoals 'neem een voorwerp mee dat je aan dit product (merk, bedrijf) doet denken'. Vaak krijgen de deelnemers de vraag om tijdens de bijeenkomst een opdracht te maken, zoals het invullen van een cartoon of thought bubble (wat dat is bespreken we in paragraaf 5.6). Soms geef je deelopdrachten die in kleine groepjes uitgewerkt moeten worden of organiseer je een wat grotere activiteit, denk aan een rollenspel. Zo'n grotere activiteit noemen we een workshop. Het tijdsbeslag is afhankelijk van de onderzoeksvraag en je plan van aanpak. Soms zet je een korte activiteit in om een wat saaie discussie te onderbreken of om de groep aan het denken te zetten. Als je diepgaand wilt onderzoeken hoe mensen voelen en denken, dan duurt de workshop algauw een uur of langer.

De workshop invoegen
Als je een workshop of een andere groepsactiviteit invoegt in een groepsdiscussie, ga je als volgt te werk. Geef voorafgaand aan de activiteit een uitleg wat er van de deelnemers verwacht wordt en hoeveel tijd ze hiervoor hebben. Toon de opdracht duidelijk op een centraal punt, bijvoorbeeld met een beamer of een flip-over. Laat duidelijk weten dat je na afloop van het gesprek verwacht dat een van de deelnemers gaat vertellen wat er is besproken. Structureer de activiteit zelf door middel van een vragenlijst of een casus met een aantal discussiepunten. Zorg ervoor dat alle benodigde materialen aanwezig zijn. Loop tijdens de

activiteit rond, moedig deelnemers aan en beantwoord vragen. Kondig ongeveer vijf minuten voor het einde aan dat je wilt stoppen. Laat de groep na afloop weer bij elkaar komen om plenair de uitkomsten van deze discussies met elkaar te delen (terugkoppelen).

Voor- en nadelen van workshops

Een voordeel van de werkvorm workshop is dat de meeste deelnemers het leuk vinden om eraan mee te doen. De werkvormen zijn speels en stimuleren de creativiteit. Workshops zijn ook geschikt om mensen die in een grote groep niet goed durven te praten, aan het woord te laten komen. Nadelen zijn er ook. Workshops zijn vaak erg tijdrovend, de organisatie is complexer omdat je met meerdere groepen werkt in meerdere ruimten, soms moet je assistentie inhuren. Last – but not least – is het een probleem dat je opdrachtgever maar één workshop tegelijk kan volgen. Daardoor mist hij vaak belangrijke informatie.

■ Voorbeeld 5.1 Straffen van kinderen

Na gezamenlijk gepraat te hebben over straffen voor kinderen laat je de deelnemers in kleine werkgroepen bespreken welke straffen al dan niet goed zijn of alternatieve straffen bedenken. In de gezamenlijke bespreking achteraf kun je de resultaten op een flip-over noteren. Interessant is dan om gezamenlijk de verschillen tussen de groepen te analyseren.

Tip

Samenstelling groepjes

Als je in een discussie met kleine groepen wilt werken, bedenk dan van tevoren welke samenstelling interessante resultaten zal opleveren. Bijvoorbeeld vrouwen en mannen apart in afzonderlijke groepjes? Of oudere en jongere mensen bij elkaar? Of de kritische en de minder kritische? Je kunt ook tellen 1, 2, 3 en 4 waarbij 1 een groep is, 2 een andere en zo ook 3 en 4.

5.3 Het rollenspel

Een rollenspel is een projectieve techniek, omdat je de deelnemers (respondenten) aan een groepsdiscussie vraagt om 'toneel te gaan spelen'. Dat benoem je niet op die manier, omdat je wilt dat mensen zich zo natuurlijk mogelijk gedragen: je wilt geen 'typetjes'. Je kunt mensen vragen om individueel bepaalde rollen te vervullen of om dit als groep te doen. Een voorwaarde voor een geslaagd rollenspel is dat alle deelnemers van de groep zich veilig voelen. Het is ook nodig dat je werkt met respondenten die zich vrij voelen en niet de neiging hebben te veel na te denken over wat anderen ergens van vinden. Dan kan een rollenspel veel inzicht geven. Mensen laten bij deze werkvorm namelijk gedrag, opvattingen en gevoelens zien waar ze zich niet van bewust zijn.

De keuze voor een rollenspel hangt sterk af van de onderzoeksvraag. Stel dat je bijvoorbeeld wilt weten hoe men in een gezin een beslissing neemt over de aankoop van een nieuwe auto. Je kunt dan deelnemers vragen om de rol van man, vrouw, oudste en jongste kind op zich te nemen. Geef een duidelijke schets van de situatie waarin ze zich bevinden als ze deze rollen gaan spelen. Bijvoorbeeld: de huidige auto is twaalf jaar oud. Volgende week moet hij APK gekeurd worden. Zowel moeder als vader vraagt zich af of de auto hier 'doorheen' komt. Ze verwachten op zijn minst hoge kosten. Omdat ze in de zomer met de auto naar Kroatië willen rijden, hebben ze ook een betrouwbare auto nodig. Ze kopen meestal een tweedehands auto van twee tot drie jaar oud. Voer een discussie waarbij de verschillende modellen van het merk Peugeot aan bod komen.

Een rollenspel kan op heel veel verschillende manieren worden ingezet. Zo kun je mensen bijvoorbeeld vragen om een tevreden of een ontevreden klant te 'zijn', een leerling of een leraar, een belastinginspecteur en een accountant enzovoort. Het is ook mogelijk om mensen als groep rollen te laten spelen: de ene groep speelt dan bijvoorbeeld de vader, een andere de moeder, weer een ander het oudste kind en de laatste het jongste kind.
Zorg altijd voor een serieuze gezamenlijke nabespreking waarin je benoemt wat je is opgevallen. Vraag ook aan de groepsleden zelf om te vertellen wat ze interessant of belangrijk vonden.

Tip

Lachen is gezond
Het spelen van een rollenspel is best spannend voor de respondenten. Ze zijn bang om zichzelf voor gek te zetten, dat ze hun rol niet goed spelen of raar worden gevonden. Houd de sfeer luchtig. Lachen vermindert de spanning in de groep en zorgt voor een plezierige sfeer.

5.4 Hardop denken

Het testen of consumenten erin slagen producten te bereiden zoals soepen en sauzen alsook het testen van bijvoorbeeld websites zijn vormen van kwalitatief marktonderzoek. Hierbij wordt vaak de techniek 'hardop denken' gebruikt. De onderzoeker vraagt aan de respondent een taak te doen en gelijktijdig (synchroon) of achteraf (retrospectief) zijn gedachten en gevoelens over het product te verwoorden. Uit onderzoek van Louise Nell blijkt dat beide methoden ongeveer even goed zijn. Wel stelde zij vast dat ouderen vaak wat meer tijd nodig hebben om hun gedachten onder woorden te brengen. Laagopgeleide mensen slagen er soms niet goed in hun ervaringen onder woorden te brengen. De problemen zijn niet zo ernstig dat deze groepen moeten worden uitgesloten van het onderzoek, maar de onderzoeker moet hier wel rekening mee houden bij de selectie van deelnemers voor dit soort onderzoeken.

5.5 Collages

Een groepsdiscussie duurt meestal twee tot drie uur. Als je na één uur praten eens iets anders gaat doen, dan wordt dat door de deelnemers zeer gewaardeerd. Een goede techniek die je daarvoor kunt inzetten, is het maken van een collage of affiche. Deze methode wordt gebruikt om onderliggende beelden naar boven te krijgen die men niet goed onder woorden kan brengen of waarvan men zich slechts in beperkte mate bewust is.

Het maken of beoordelen van collages is een uitstekende techniek om inzicht te verkrijgen in de beleving van respondenten.

Er wordt aan de respondenten gevraagd om in groepjes van twee tot drie mensen gedurende 15 tot 30 minuten met behulp van knipsels een collage te maken. Hiervoor moeten enkele tijdschriften, catalogi of ander materiaal beschikbaar zijn, naast papier en vellen van een flipover, lijm en scharen.

De collages worden daarna in de ruimte opgehangen of op tafel gelegd en met de respondenten gezamenlijk besproken. Iedere groep kan eerst zelf aangeven waarom hij bepaalde plaatjes of knipsels heeft gekozen en opgeplakt. Goed werkt ook als je eerst mensen uit de andere groepen een collage laat beoordelen. Wat zien zij erin? Waarom denken zij dat de makers bepaalde foto's of plaatjes hebben gekozen? Als onderzoeker haal je veel informatie uit de bespreking van de gekozen plaatjes en je hebt een kleurrijke bijlage bij je rapport. Let op: met name de bespreking en de woorden en beschrijvingen die respondenten dan kiezen, zijn van belang voor je analyse en moeten goed genoteerd worden! Het moodboard, een vorm van een collage, wordt in paragraaf 4.6 besproken.

Een opdracht voor een collage kan bijvoorbeeld zijn: knip alles uit dat je doet denken aan een goed bedrijf. Of: maak een reclameaffiche voor een nieuw soort product. Een ander idee is om een collage te maken die een beeld geeft van de typische gebruiker van een bepaald product. Groepen kunnen ook verschillende opdrachten krijgen die je vervolgens in de discussies plenair kunt bespreken. Bijvoorbeeld: geef een beeld van de typische *Libelle*-, *Linda*- of *Vogue*-lezer.

Een collage is geen doel op zich!
Houd de tijd goed in de gaten. Een half uur is ruim voldoende. Een collage is geen doel op zich en hoeft daarom niet helemaal af te zijn. Leg als onderzoeker niet zelf allerlei associaties en interpretaties in de collages. Laat de mensen praten. De collage vormt een visuele stimulans om dieper op een onderwerp in te gaan.

Voor- en nadelen van de collage
Knippen en plakken is voor de meeste volwassenen even wennen, maar als ze eenmaal aan de gang zijn, vinden ze het ook erg leuk om te doen. En na al het praten hebben ze iets toonbaars liggen. Nadelen van collages maken zijn: het is tijdrovend, het vereist een grotere ruimte en het is voor de opdrachtgever even niet interessant om mee te kijken en te luisteren omdat de deelnemers druk bezig zijn en men niet kan zien wat zij uitknippen of plakken. Verder kan een nadeel zijn dat voor de interpretatie veel verwacht wordt van de verbale kwaliteit van respondenten. Niet iedereen kan makkelijk onder woorden brengen wat men ziet of waarom men bepaalde dingen heeft opgeplakt.

Kleurenkopie
Maak een verkleinde kleurenkopie van de collages en neem deze op in de bijlage van je rapport. Opdrachtgevers en andere lezers vinden dit zeer illustratief.

5.6 Cartooning en thought bubbles

Als het onderzoek zich richt op menselijke relaties en er op verbaal vlak problemen worden verwacht, dan kan men gebruikmaken van de cartooning of ballooning-techniek. Dit is een techniek waarbij respondenten een cartoon voorgelegd krijgen met de opdracht de gedachten in de thought bubbles (in gewoon Nederlands tekstballonnen) in te vullen. Deze techniek wordt gebruikt om tijdens groepsdiscussies individuele momenten te creëren. Een respondent geeft eerst een eigen spontane reactie en vult zelf een tekst in, daarna worden alle reacties in de groep besproken. Door respondenten zelf de tekstballon te laten invullen, zonder sturende aanwijzingen van de gespreksleider, heeft iedereen de kans om zich bewust te worden van de eigen onderliggende gedachte.

Voor de cartooning-techniek kun je plaatjes uit alle soorten strips gebruiken waarvan jij denkt dat zij interessante opmerkingen opleveren. De tekst in de balloons moet je dan wel weglakken. Figuur 4.2 is een voorbeeld van zo'n strip.

Cartoons vinden op internet
Op internet kun je gemakkelijk geschikte strips vinden. Kijk bijvoorbeeld op www.fokkeensukke.nl. Plak of lak de tekst in de balloon weg.

Uitdelen en inzamelen
Geef aan iedere deelnemer een A4 met de tekening erop. Laat ook iedereen zijn naam erop noteren. Vergeet niet om de ingevulde papieren na afloop van het gesprek weer in te zamelen.

Vaak levert deze techniek boeiende verschillen en formuleringen op die vervolgens weer aanleiding zijn voor een diepgaandere discussie. Neem bijvoorbeeld een man die hopeloos naast zijn fiets staat en naar de ketting kijkt. Iemand anders staat ernaast. Een respondent schrijft in de tekstballon: Dan had je maar een Gazelle moeten kopen. Iemand anders schrijft: Heb je dan nog steeds niet geleerd hoe je dit moet maken? Beide teksten vormen een aanleiding om te praten over verschillen in imago van fietsen, maar ook over omgaan met fietsen en technisch verstand.

Figuur 5.1 **Een cartoon die geschikt is voor ballooning**

Bron: © Fokke en Sukke

Voorbeeld 5.2 is een manier om de cartooning-techniek in praktijk te brengen.

■ **Voorbeeld 5.2 Figuren en tekstballonnen in Word**
Je kunt zelf een cartoon uitknippen en van spreekballonnen voorzien. Maar ook met Word kun je een aantal figuren maken. De tekstballonnen zijn opgenomen onder de map Invoegen, dan kies je Afbeelding en vervolgens bij Autovormen de ballon. In dit plaatje hebben we bijvoorbeeld een figuur en een aantal huizen met een tekstballon gekozen zoals we zien in figuur A.

Misschien vult de één in: 'Zat ik maar thuis', een ander schrijft: 'Ik baal van wonen in de stad' of: 'Eng, alleen op straat.' Voldoende stof om in de discussie of het interview verder over te praten!

Figuur A **Cartoon en ballooning**

Bron: Word tekstprogramma

Onderwerpen die moeilijk liggen of waarover mensen niet graag een mening geven, kunnen met deze eenvoudige techniek makkelijker besproken worden.

5.7 Personificatie

Bij personificatie wordt aan de respondenten gevraagd om een product of dienst voor te stellen als een persoon. Jij tekent daarvoor op een flip-over een eenvoudig streepjespoppetje en vraagt wat voor een persoon product X of dienst Y zou zijn. Dat roept altijd wat lacherige of ongemakkelijke reacties bij respondenten op, maar ga dan vooral door. Je kunt bijvoorbeeld doorvragen naar uiterlijke kenmerken van de persoon, maar ook naar hobby's, levensstijl, de auto, de vakantiebestemming, de huwelijkse staat enzovoort. Zo ontstaat een beeld van de waarden die aan een product of dienst worden toegekend en kan worden geanalyseerd hoe ver deze persoon afstaat van de respondent zelf. Voorbeelden van vragen:
- Is het een man of een vrouw? Jong of oud? Wat is zijn/haar voornaam?
- Waar woont deze man/vrouw? Is dat een villa, een landhuis, een oud huis…? Waarom juist daar?
- Heeft deze persoon huisdieren? Welke? Waarom die?
- Waar gaat deze persoon naartoe op vakantie?
- Heeft hij of zij kinderen? Hoeveel? Wat doen de kinderen?
- Welk eten vindt hij of zij het lekkerst?
- In welke auto rijdt deze persoon?

Mensen in de groep mogen vervolgens van alles als antwoord op de vragen roepen. Het is een soort vrije associatie. Noteer alle opmerkingen naast de tekening op de flip-over. Vraag altijd na de antwoorden goed door en laat deze motiveren. Met alleen een antwoord 'groot landhuis' ben je er nog niet. Pas als een respondent doorgaat en zegt:

Engels met veel land en paarden, duidt dit op een klassiek imago. Net zo goed als het verschil uitmaakt of men denkt dat deze persoon in een Jaguar of Suzuki rondrijdt. Zie ook voorbeeld 4.3 over het imago van een warenhuis.

■ Voorbeeld 5.3 Het warenhuis
Als je bijvoorbeeld een warenhuis runt en je imagokenmerken uit de personificatie zijn vervolgens: je bent een oudere vrouw, met de naam Berta, die in Oostenrijk op vakantie gaat, die rijdt in een Ford en woont in een jaren-'60-huis in een dorp, met een groot gezin, waarin iedereen houdt van boerenkool met worst. Dat zegt heel veel over het imago en het profiel van het warenhuis.

Sommigen laten deelnemers een bepaald product of dienst ook vergelijken met een dier, een automerk, een land, een bevolkingsgroep. Het effect en resultaat is hetzelfde. Omdat iedereen beelden heeft bij dieren, automerken of type huizen kun je snel tot de kern van een profiel of imago komen. Deze techniek bewerkstelligt een goede sfeer in de groep. Alle deelnemers doen mee en zijn enthousiast over elkaars ideeën.

Het is ook mogelijk om mensen voorafgaand aan de bijeenkomst te vragen of ze een voorwerp meenemen dat naar hun mening goed past bij een product of organisatie.

Slecht imago
De opdrachtgever kan soms behoorlijk geraakt zijn over hoe het imago van zijn bedrijf of product in de groep wordt geschetst. Laat het daarom niet bij de soms negatieve of flauwe opmerkingen. Praat altijd door met de deelnemers over suggesties voor vernieuwingen en veranderingen. Concrete aanknopingspunten vindt je opdrachtgever namelijk interessant.

5.8   Fotosoort en moodboards

Bij de techniek fotosoort wordt een serie foto's (maximaal twintig) aan de respondent voorgelegd. Dat kunnen foto's zijn van typische personen, maar ook van landschappen, honden, auto's of houdingen. Eigenlijk alle beelden waarvan van tevoren bekend is hoe de gemiddelde Nederlander erover denkt. Een aantal bureaus heeft in het verleden veel tijd en geld gestoken in de ontwikkeling en testen op geldigheid (validatie) van een goed fotosoort-instrument.

De foto's kunnen op verschillende manieren worden gebruikt om op een indirecte manier te praten over een product of dienst. Zo komen (voor)oordelen aan het licht die anders onbesproken zouden blijven, maar die wel een achterliggende rol spelen bij de antwoorden en keuzes van de respondent. Bovendien werken beelden in combinatie met woorden altijd beter dan alleen maar een vraag naar een bepaald kenmerk.
De meeste marktonderzoeksbureaus hebben een reeks van vijftig tot honderd foto's van personen gemaakt. Alle personen zijn door een groter panel beoordeeld op bepaalde eigenschappen en waarden en normen.

Is het bijvoorbeeld een vriendelijk of juist onvriendelijk overkomend iemand, jong of oud, conservatief of modern, streng of eerder zacht, en ga zo maar door. Als je nu aan respondenten vraagt om uit de stapel een aantal foto's te kiezen met personen die een bepaald product zeker wel zouden kopen, dan vertelt de computer je vervolgens welke achterliggende waarden deze personen kenmerken. De onderzoeker verkrijgt een beeld van de typische koper, bijvoorbeeld jong en conservatief en kan daaruit ook producteigenschappen afleiden. In plaats van foto's van personen worden ook landschappen, dieren of auto's gebruikt. Nieuw is dat men videofragmenten kan selecteren die goed bij een situatie, een dienst of een product passen. Een voordeel van de fragmenten is, dat acteurs bepaalde emoties kunnen weergeven.

Een gevalideerde set van foto's is duur en zeer tijd- en modegevoelig. Er zijn bedrijven die de software aanbieden om via een laptop actuele foto's van personen of landschappen te laten sorteren, paarsgewijs te vergelijken en afzonderlijk te beoordelen. Enkele seconden later, na afsluiting van de interviews waarin je gebruik hebt gemaakt van deze techniek, verschijnen de resultaten al op het scherm. Laat je niet verleiden om in termen van percentages te rapporteren, zoals: 50% kiest bij dit product de waarde 'ouderwets'.

Fotosoort
Zoek eens via Google op welke grote bureaus dit instrument gebruiken en hoe het eruitziet. Men zal het niet gauw beschikbaar stellen, maar dan heb je een indruk en idee om zelf een fotosoort te maken voor je onderzoek.

Vaak wordt fotosoort ook gebruikt om vervolgens in een discussie of interview dieper op de resultaten in te gaan. Zeker als je set niet gevalideerd is, kun je deze nog uitstekend als stimulusmateriaal voor de discussie gebruiken. Vragen die je dan moet stellen zijn bijvoorbeeld: waarom beoordelen jullie dit product eerder als conservatief? Waar zit dat in?
Gebruik van fotosoort levert altijd nieuwe inzichten op. De deelnemers vinden het leuk om te doen en voor de klant heb je enkele beelden die het imago of profiel verduidelijken.

Discussiëren is het doel
Fotosoort is een techniek. De uitkomsten zijn niet het eindresultaat. Je moet ook op zoek gaan naar de redenen van deelnemers om een product bijvoorbeeld ouderwets te vinden.

Een andere vorm van fotosoort is het aanbieden van zogenoemde moodboards waarop stemmingen of een bepaalde sfeer worden uitgedrukt. In figuur 5.2 zie je enkele voorbeelden.

Afhankelijk van welke moodboard een respondent kiest, kun je vervolgens in je interview doorgaan op de achterliggende redenen. Het maakt immers nogal verschil of men bij een bepaalde auto het blauwe of juist het rode moodboard kiest. De informatie uit deze gesprekken wordt veel gebruikt voor reclamecampagnes en in de verdere marketing van producten.

Figuur 5.2 **Enkele moodboards**

Bron: Villa kwalitatief marktonderzoek

5.9 Waardebeelden

Vergelijkbaar met fotosoort is het gebruik van waardebeelden, alleen zijn hierbij de achterliggende waarden die de foto's moeten uitbeelden al genoemd. Met behulp van een set van waardekaarten kunnen de deelnemers van een groep gezamenlijk of individueel een bepaald product of dienst karakteriseren. Hiervoor worden bijvoorbeeld de plaatjes uit figuur 5.3 met begrippen als plezier, individualiteit en betrokkenheid gebruikt.

Je kunt deze plaatjes ook zelf maken door bij een aantal voor jouw onderwerp relevante begrippen foto's te zoeken.

Figuur 5.3 **Imago- en waardebeelden**

B6

plezier

B1

individualiteit

B34

betrokkenheid

Bron: De Bock&Dekker, Amsterdam

In het begin moeten mensen altijd even wennen, maar na korte tijd vinden zij het leuk om met beelden te werken, in plaats van alleen maar te praten en antwoorden te geven op vragen. Ook hier geldt dat de selectie die mensen maken, niet het belangrijkste resultaat is. Belangrijker is de discussie over de gemaakte selectie. Waarom kiest men juist een kaart die de waarde 'betrokkenheid' moet uitbeelden en laat men een andere kaart zoals 'behulpzaam' liggen? Opdrachtgevers waarderen het als je de kaarten vervolgens in je digitale presentatie of rapport opneemt. Je kunt bijvoorbeeld eerst een aantal waarden (top vijf) vertonen die men bij de huidige situatie of het imago geselecteerd heeft en vervolgens de waarden die men selecteert voor de ideale of gewenste situatie of het imago. Beelden spreken nog steeds meer dan woorden.

Tip

Vooraf coderen
Nummer de kaarten vooraf. Dat is handig bij de analyse.

5.10 Storytelling

Mensen vertellen elkaar graag verhalen om kennis, inzichten en gevoelens met elkaar te delen. In het kwalitatieve marktonderzoek zet men storytelling in om te zien welke (onbewuste) emoties, gedachten en gewoonten de respondent als heel belangrijk ervaart. Er vindt geen vertekening plaats door vooringenomen opvattingen van de onderzoeker of de opdrachtgever. Deze zogeheten narratieve methode wordt ook ingezet voor andere doelen, zoals het in kaart brengen van de informele kennis die mensen in hun hoofd hebben ('knowledge management') of bij het veranderen van de organisatiecultuur.

5.10.1 Wanneer deze methode?

Storytelling is zeer geschikt voor onderzoek waarbij men diepgaande inzichten wil verkrijgen. Dat is bijvoorbeeld het geval als er veel bekend is over een onderwerp, terwijl er tegelijkertijd behoefte is aan nieuwe inzichten. De methode leent zich ook heel goed om een kijkje te nemen in het onbewuste, onderwerpen waarover men normaal gesproken niet nadenkt of waarvoor juist sterke sociale normen gelden. Bij het vertellen van verhalen voelt de respondent zich vrij en laat hij zichzelf zien.
De inzet van deze methode creëert betrokkenheid bij de deelnemers: daarom is deze ook geschikt voor situaties dat het management draagvlak wil creëren bij medewerkers. Ten slotte leent de methode zich goed voor communicatieonderzoek. Het is goed mogelijk om objectief te onderzoeken of de boodschap van een opdrachtgever in een campagne of uiting door de doelgroep wordt herkend en begrepen. Dit zie je ook in het krantenartikel over onderzoek naar de campagne 'Wie is de Bob?' dat is uitgevoerd door marktonderzoeksbureau Ferro Explore!.

© MIRJAM BROEKHOFF / ESOMAR/ WIM VAN DER NOORT
(ONDERZOEKSDIRECTEUR MINISTERIE VAN ALGEMENE ZAKEN EN JOCHUM
STIENSTRA FERRO EXPLORE! (23 SEPTEMBER 2009)

Enkele hoogtepunten uit het onderzoek voor de campagne

Wie is de Bob?
In 2008 deed bureau *Ferro Explore*! kwalitatief onderzoek naar de overheidscampagne 'Wie is de Bob?' Deze campagne is erop gericht dat jongeren, als zij alcohol gebruiken, niet zelf naar huis rijden maar dit door iemand laten doen die zelf geen alcohol heeft gedronken. De opdrachtgever wilde nagaan of de campagne goed aansloot bij deze doelgroep. Het onderzoeksbureau maakt bij dit onderzoek gebruik van storytelling. Hier volgen de belangrijkste conclusies.
De opdrachtgever positioneert de Bob als een 'superman': een held die beschikt over welhaast onmenselijke eigenschappen. Deze superman wordt door de doelgroep ook vaak geassocieerd met 'Herman Brood': een held die geen regels volgt en ook nergens bang voor is. 'Best een cool type', zo vindt de jeugd. Echter helaas ook een persoon die rustig met enkele glaasjes op achter het stuur stapt ...

De jeugdigen die de doelgroep vormen van de campagne herkennen ook het archetype van de 'echte vriend'. Dat is een echt mens van vlees en bloed. Hij of zij vindt het best lastig om niet te drinken op een avondje uit, vooral als de anderen flink aangeschoten raken. Ze zullen hem dus ook nooit verbieden om een drankje te nemen, of twee .... Maar gelukkig neemt deze 'vriend' zijn verantwoordelijkheid: hij zorgt dat we thuis komen zonder nare ongelukken.
Zowel opdrachtgever als doelgroep zijn het erover eens dat de Bob nooit mag worden gezien als een 'loser'. In de beleving van de opdrachtgever gaat het echter meer om een 'nerd': iemand die tot elke prijs bij de groep wil horen. De doelgroep ziet een loser meer als een eenzame figuur die vooral met zichzelf bezig is. De huidige campagne speelt in op de uitkomsten van dit onderzoek.

5.10.2 De werkwijze

De methode storytelling bestaat uit twee stappen:
1 verhalen vertellen;
2 de inhoud van de verhalen analyseren

Ad 1 Verhalen vertellen
In de eerste stap nodig je mensen uit om verhalen te vertellen. Het kan gaan om 'waargebeurde' maar ook om fictieve (fantasie)verhalen. Hier geldt: hoe meer verhalen hoe beter. Werk daarom in kleine groepjes en zet meerdere observatoren in om alle verhalen vast te leggen. Als je de techniek storytelling inzet, kun je het beste zo veel mogelijk verhalen verzamelen: minimaal twintig. Eén manier om dit te doen is dat je aan de groep een kort, nog niet voltooid verhaal voorlegt en vraagt om dit af te maken. Dat kan best een heel gek begin zijn, als het mensen maar

stimuleert om erop door te gaan. Bijvoorbeeld: 'Mevrouw A komt met haar nieuwe auto van het merk XYZ bij haar vriendin en wil deze trots aan haar laten zien. De vriendin komt meteen naar buiten om naar de auto te kijken maar dan…' Stel tijdens de voorbereiding een aantal beginverhalen op. Deze kun je mondeling vertellen, op papier uitdelen of op een groot scherm projecteren. Ga niet tijdens het vertellen al analyseren: dat beperkt de deelnemers en remt hun mogelijkheid om diepere belevingswerelden te ontsluiten. Instrueer de deelnemers en je assistenten daarom dat het doel van deze fase is zo veel mogelijk, liefst verschillende verhalen, te verzamelen.

In een groter project is het ook mogelijk om bijvoorbeeld 300 verhalen te verzamelen. Het nadeel van zo'n groot aantal is wel dat je tijd nodig hebt voordat je aan stap 2 kunt beginnen. Je moet namelijk wel alle verhalen op een rij zetten, voordat je de inhoud kunt analyseren.

Ad 2 De inhoud van de verhalen analyseren
Vraag de respondenten om zelf betekenis te geven aan de verhalen. Laat hen met name aangeven wat de volgende elementen volgens hen inhouden.
- Welke zijn de centrale personen of karakters in dit verhaal? Waar staan zij voor? Bijvoorbeeld: de echte vriend.
- Welke thema's komen in het verhaal terug? Bijvoorbeeld: iets doen, terwijl je weet dat het niet goed voor je is.
- Wat is het centrale conflict in het verhaal? Bijvoorbeeld: ik verloochen mijn vrienden als ik drink, maar ik ben mijzelf ontrouw als ik geen gezellige avond heb. Als er geen conflict is, dan kun je de deelnemers vragen om de 'plot' te omschrijven.
- Welke boodschap(pen) bevat het verhaal. Bijvoorbeeld: gezelligheid kent geen tijd.

In deze fase is het belangrijk dat de opdrachtgever meekijkt en meeluistert. Hier worden namelijk vaak dingen gezegd waarover hij of zij zich zal verbazen of die strijdig zijn met de bestaande oordelen in de organisatie.

> **Tip**
>
> **Online storytelling**
> Het is ook mogelijk om een grote groep mensen via internet hun verhaal te laten vertellen. Laat ook dan de respondenten hun eigen verhalen beoordelen, bijvoorbeeld door middel van 'tags'. Zo'n online onderzoek is heel geschikt over een internationale setting, als de opdrachtgever een kwantitatieve onderbouwing wenst of als je werkt met een heel brede doelgroep. Zoek je meer dan 300 verhalen? Maak dan wel gebruik van speciale software om de verhalen te lezen en te interpreteren. Verschillende marktonderzoeksbureaus stellen deze tegen vergoeding beschikbaar.

Checklist
Projectieve technieken zijn activiteiten die worden ingezet om emotionele of rationele remmingen weg te nemen en inzicht te krijgen in de werkelijke gevoelens, gedachten en houding van de respondent.

Wanneer je projectieve technieken toepast binnen een groep, kun je een opdracht geven voorafgaand aan de bijeenkomst, de deelnemers tijdens het gesprek aan tafel iets laten uitwerken, de groep opdelen in kleine groepjes die aan een opdracht werken of een aparte activiteit laten uitvoeren (zoals een collage maken).

Bij een rollenspel vraag je mensen om zich in een bepaalde rol te verplaatsen. Doordat zij zich inleven, krijg je veel inzicht in wat er werkelijk gebeurt.

De techniek hardop denken is vooral geschikt voor (product)tests en webtesting.

Het maken van collages is inspirerend en leuk voor de respondenten. Let op dat je de tijd bewaakt.

Door middel van cartoons en thought bubbles kun je verbale barrières omzeilen.

Personificatie is een krachtige techniek om inzicht te krijgen in de merkbeleving en het imago. Houd er rekening mee dat de uitspraken niet altijd aardig zijn en confronterend voor de opdrachtgever.

Fotosoort en moodboards zijn krachtige visuele middelen om inzicht te krijgen in onderliggende emoties. Het onderhouden van een gevalideerde fotoset is arbeidsintensief en vrij duur.

De techniek storytelling sluit aan bij de behoefte van mensen om elkaar verhalen te vertellen.

De inhoud van de verhalen wordt samen met de respondenten geanalyseerd.

Andere vormen van kwalitatief onderzoek

6

6.1 Drie-stappentest
6.2 Sorteer- en selectietechnieken
6.3 Online kwalitatief onderzoek
6.4 De versnellingskamer
6.5 Delphi-onderzoek
6.6 Observatie
6.7 Mystery shopping
6.8 Spelen
6.9 Social media onderzoek

Er zijn onderzoeksvragen die het beste kunnen worden beantwoord met andere vormen van marktonderzoek dan je tot nu toe bent tegengekomen in dit boek. In dit hoofdstuk gaan we daarom in op de inhoud en toepassing van een aantal regelmatig voorkomende onderzoeksvormen.
In paragraaf 6.1 behandelen we de drie-stappentest. Deze geeft inzicht in de manier waarop consumenten in de praktijk omgaan met producten. Sorteer- en selectietechnieken maken duidelijk wat de criteria zijn waarop consumenten producten beoordelen en vergelijken. Dit komt aan bod in paragraaf 6.2. Paragraaf 6.3 geeft een overzicht van de belangrijkste vormen van online onderzoek. Hier bespreken we voor- en nadelen van deze werkwijze. De versnellingskamer integreert online en realtime online onderzoek. Hierover meer in paragraaf 6.4. In paragraaf 6.5 lichten we toe wat een Delphi-onderzoek inhoudt. Dit is met name geschikt voor onderzoek ten behoeve van beleidsontwikkeling. In paragraaf 6.6 gaan we in op de mogelijkheden om gedrag van consumenten te observeren. In paragraaf 6.7 bespreken we de populaire onderzoeksvorm mystery shopping. Het spelen van een spel kan ertoe leiden dat er snel een aantal bruikbare productconcepten ontwikkeld wordt. Dit behandelen we in paragraaf 6.8. Als laatste behandelen we in paragraaf 6.9 het doen van onderzoek naar uitingen in social media. De onderzoeker werkt hier met grote hoeveelheden gegevens. Het interpreteren en analyseren van deze data is echter sterk kwalitatief van aard. De onderzoeksuitkomsten kunnen heel verrassend zijn voor de onderzoeker en de opdrachtgever.

6.1 Driestappentest

De driestappentechniek is een methode die onderzoekers gebruiken om inzicht te krijgen in de manier waarop consumenten gewoonlijk met producten omgaan. Dat kan namelijk erg verschillen van wat zij zéggen te doen. Een consument kan bijvoorbeeld zeggen dat zij altijd salade maakt bij de macaroni, terwijl ze dit in werkelijkheid de helft van de keren overslaat.

Bij de driestappentest is het de bedoeling dat de respondent in een eerste stap een product of dienst uitprobeert maar daarbij wel hardop vertelt wat hij doet, bedenkt, voelt enzovoort. Dat kan bijvoorbeeld plaatsvinden in een testkeuken, maar ook bij mensen thuis of in een onderzoeksruimte. Vervolgens loopt de onderzoeker in een tweede stap met de respondent door de notities en aantekeningen en evalueert met de proefpersoon wat deze precies gedaan heeft en gedacht heeft. In stap drie wordt vervolgens gevraagd naar mening en gevoelens en wordt geëvalueerd. Daarbij hoort ook de vraag: 'Zou je dit thuis / in het gewone leven ook zo gedaan hebben?' Het antwoord 'nee' vereist dan dat je doorvraagt naar de verschillen.

Deze gesprekstechniek is vooral nuttig om nauwkeurig inzicht te krijgen in hoe consumenten precies met producten en diensten omgaan en wat zij daarbij aan problemen ondervinden. Je start met een observatie en kijkt hoe mensen een product of dienst gebruiken. Vervolgens vraag jij aan hen om aan te geven wat zij erbij denken. Stel, je moet producten of diensten testen. Dan kun je er natuurlijk uitvoerig naar vragen. Je kunt ook een respondent eerst zelf met een product of dienst aan de slag laten gaan en bekijken wat goed en wat slecht loopt. Zie voorbeeld 6.1.

Dit soort gesprekken en observaties kun je natuurlijk niet in een uurtje afronden. Meestal wordt hiervoor een halve dag uitgetrokken. De respondenten zijn vaak erg positief, omdat zij zelf veel mogen doen en mogen meedenken en uitproberen.

■ **Voorbeeld 6.1 Producten en diensten testen**
Onderzoeksvragen waarbij de driestappentest is toegepast, zijn de volgende:
- Voor Nokia een nieuwe telefoon laten programmeren om de gebruiksvriendelijkheid te testen.
- Voor Knorr een wereldmaaltijd in een proefkeuken laten bereiden, als je het kookgedrag, het wel/niet lezen en begrijpen van de aanwijzing en de smaak en waardering moet testen.
- Voor Douwe Egberts een kop thee met de Senseo laten zetten als je moet testen of mensen thee uit een Senseo lekker vinden, de gebruiksaanwijzing goed lezen en begrijpen en de apparatuur goed gebruiken.
- Voor een internetprovider respondenten via het callcenter informatie laten inwinnen over nieuwe internetaccounts, als je de kennis, klantvriendelijkheid en snelheid van de medewerkers wilt testen.

6.2 Sorteer- en selectietechnieken

Er zijn ook meer gecompliceerde en geavanceerde methoden voor kwalitatief onderzoek bedacht, waarbij gebruik wordt gemaakt van diverse selecties van respondenten of selecties van producten en vergelijkingen. Te noemen zijn de Kelly Grid-methode en de Kritische Incidenten Techniek die we hierna nader uitleggen. Er zijn meer sorteer- en selectietechnieken, zoals 'laddering'. Deze gebruikt men zelden in het toegepaste marktonderzoek vanwege de complexiteit en de bijbehorende hoge kosten.

Kelly Grid

De Kelly Grid-methode werkt met vergelijkingen. Voortdurend worden bepaalde producten of diensten met elkaar vergeleken en wordt gevraagd welke men beter of anders vindt en waarom. Zo komt men tot een groot aantal dimensies die bij de perceptie van een bepaald product of dienst een rol spelen. Hoe gaat men te werk? Uit een aantal producten, reclame-uitingen of verpakkingen wordt bijvoorbeeld aselect een drietal geselecteerd. De respondent wordt verzocht aan te geven op welke manier twee van deze producten van de derde verschillen. Daarbij wordt zo veel mogelijk ingegaan op de verschillen. Vervolgens wordt aselect weer een andere combinatie van drie voorgelegd en beoordeeld. Dit proces wordt herhaald totdat de respondent geen nieuwe zaken meer kan bedenken of het beu is. Je kunt er immers niet eindeloos mee doorgaan. Het levert wel heel veel onderscheidende dimensie op, die je vervolgens weer een rangordening kunt laten maken. Voor een kwantitatieve vragenlijst waar je een aantal dimensies moet formuleren, levert deze methode heel veel informatie op.

Kritische Incidenten Techniek

De Kritische Incidenten Techniek klinkt heel ingewikkeld, maar is in feite eenvoudig, omdat men zich met vragen alleen richt op het vertellen van negatieve of juist positieve ervaringen. Deze techniek wordt veel gebruikt bij klanttevredenheidsonderzoek. Je stelt hierbij de individuele respondent centraal en richt je door middel van open vragen op concrete ervaringen. De respondent krijgt tijdens het interview of de discussie de tijd zijn verhaal te vertellen in zijn eigen woorden en kan aangeven waarom een specifieke ervaring positief (satisfying) of negatief (dissatisfying) was. De gegevens die op deze wijze verzameld worden zijn gedetailleerd en diepgaand.

Het is voor veel bedrijven van belang om op de hoogte te zijn van deze zogenoemde 'kritische incidenten'. Zij geven immers een verklaring voor waarom sommigen klanten zonder iets te kopen je winkel verlaten en andere juist erg veel kopen. In eerste instantie kan een klant spontaan over ervaringen spreken die uit het verleden zijn blijven hangen. Categorieën zijn bijvoorbeeld 'positief' of 'negatief', maar ook indelingen zoals 'enthousiasmerend' of 'ontmoedigend' kunnen hier gebruikt worden.

Vermijd bij deze techniek vragen die de respondenten dwingen om een rationele afweging te maken. Dus geen vragen die inzoomen op 'hoe belangrijk is ...'. Probeer te achterhalen welke ervaringen zijn blijven hangen. Goed werken vragen zoals: 'Als u een complimentje zou mogen uitdelen, al is het maar voor iets kleins, wat zou dat dan zijn?' En omgekeerd: 'Als u een kleine ergernis zou mogen beschrijven, welke zou u dan uitkiezen?' Vaak blijven de kleine dingen lang in het geheugen hangen en nemen een buitensporig groot deel van de beeldvorming voor hun rekening. Daarom ook de term kritische incidenten.

6.3 Online kwalitatief onderzoek

Het online kwalitatief onderzoek biedt mogelijkheden om snel en relatief goedkoop informatie te verzamelen. Je zou dus verwachten dat dit een grote opmars doormaakt. In de praktijk valt dat tegen. Ray Poyntner (2010) meldt in *The Handbook of online and social media research* dat volgens ESOMAR, de wereldwijde organisatie van marktonderzoekers, in 2009 wereldwijd slechts 4% van het kwalitatieve onderzoek online werd uitgevoerd. Ter vergelijking: volgens ESOMAR werd wereldwijd in dat jaar ongeveer 30% van alle kwantitatief onderzoek uitgevoerd met behulp van online hulpmiddelen. In Nederland lopen we hiermee voorop: het aandeel van online onderzoek is hier veel hoger. De belangrijkste mogelijkheden om online kwalitatief marktonderzoek uit te voeren zijn:

- De online focusgroep. Een groepsdiscussie met behulp van snelle internetverbindingen en webcams.
- Bulletin boardgroepen. Mensen geven commentaar op stellingen en vragen op het moment dat zij daar tijd voor hebben.
- E-mailgroepen. Een groepsdiscussie verloopt per e-mail. In de praktijk levert dit te weinig interessante informatie op.
- Virtuele werelden. In sommige spelsituaties kan worden getest hoe mensen reageren op producten en aanbiedingen. Dit kan alleen als de setting van de online wereld duidelijk past bij de onderzoeksvraag.
- Online chatsessies. Iedere respondent reageert individueel op de gestelde vraag. De moderator bepaalt welke reacties getoond worden aan de deelnemers en stuurt zo de discussie.
- Online kwalitatieve aanvullingen op kwantitatief onderzoek. Men vraagt bijvoorbeeld aan de respondenten van een webenquête om in aanvulling op een vragenlijst of in een latere fase van het onderzoek meer te vertellen. Dat kan bijvoorbeeld zijn in de vorm van een toelichting op het eerder gegeven oordeel, het benoemen van associaties met een product of het opschrijven van een verhaal over gebruikssituaties.

Kwalitatief onderzoek met behulp van internetonderzoek is in wezen niet anders dan 'real life'-onderzoek. De digitale omgeving maakt echter soms meer mogelijk en legt in andere situaties beperkingen op. Het grootste voordeel van internetonderzoek zien we in de situatie dat er mensen moeten worden ondervraagd uit verschillende landen of uit regio's die fysiek ver van elkaar verwijderd zijn. Door te werken met internet omzeil je lange reistijden, dure tickets en is het veel gemakkelijker om respondenten te vinden. Voor sommige onderzoeken geldt dat de deelnemers het leuker en spannender vinden om te werken met een digitale onderzoeksvorm. Denk bijvoorbeeld aan onderzoek onder IT'ers. Mensen die weinig tijd hebben, kunnen soms gemakkelijker deelnemen aan een digitaal onderzoek: denk bijvoorbeeld aan medisch specialisten of managers. Er zijn ook bepaalde onderwerpen die zich goed lenen voor internetonderzoek, zoals het testen van websites. Een laatste voordeel van digitaal onderzoek is dat mensen vaak wat eerlijker hun mening geven over onderwerpen die sociaal beladen zijn. Er is veel goede software beschikbaar die de uitvoering van het onderzoek gemakkelijk maakt. Een aantal bureaus heeft nu al ruime ervaring met dit type onderzoek. De techniek hoeft dan ook geen probleem te zijn.

Argumenten tegen deze vorm van onderzoek
Er zijn ook zaken die de inzet van online onderzoek bemoeilijken. Veel onderzoekers en opdrachtgevers worden afgeschrikt door de benodigde techniek. Ze kiezen liever voor vormen van onderzoek die ze kennen en waarvan ze zeker weten dat deze de gewenste resultaten opleveren. Andere zaken die het doen van online onderzoek bemoeilijken zijn de soms trage verbindingen via de pc's van de deelnemers, het feit dat niet alle doelgroepen voldoende vertrouwd zijn met computertechniek, vertaalproblemen bij internationaal onderzoek, de vaak lange gespreksduur bij chatsessies, de afwezigheid van informatie over non-verbaal gedrag, een geringere interactie tussen groepsleden onderling, minder zekerheid over de identiteit van de respondent, het afhaken van respondenten tijdens een sessie (mensen kunnen zomaar weglopen) en de beperkingen van schriftelijke informatie.

Ondanks deze nadelen verwacht men dat kwalitatief onderzoek in de toekomst sterk zal groeien. De techniek wordt steeds eenvoudiger, onderzoekers krijgen ervaring met deze manier van werken en de uitkomsten kunnen bijzonder interessant zijn voor opdrachtgevers. Op dit moment wordt de beleving van logo's, merkbeelden en merknamen in verschillende landen vaak al online getest. Deze moeten in verschillende landen dezelfde betekenis hebben. Het mag natuurlijk niet zo zijn dat een bepaald beeld of een bepaalde naam ergens een negatieve of omstreden uitstraling heeft. Voor bedrijven is het zeer aantrekkelijk om een online panel op te zetten voor kwalitatieve en kwantitatieve onderzoeken. Men kan dan betrokken klanten vragen om mee te denken over producten en marketingvraagstukken. Online onderzoek biedt ook veel mogelijkheden om interactief visueel materiaal of websites te ontwikkelen. Het is ook mogelijk om de beleving van televisieprogramma's real-life te volgen en deze al gedurende de looptijd aan te passen op de ervaringen van de kijker. Zie voorbeeld 6.2.

■ **Voorbeeld 6.2 Werken met TIM-Online**
De TIM-Online-methode meet de spanningsboog van audio- of videomateriaal: het stelt vast hoe geboeid kijkers/luisteraars zijn tijdens het kijken/luisteren naar een televisie/radioprogramma of -commercial. Tijdens het kijken/luisteren geeft de kijker continu feedback op de productie. Daarna geeft het panel kwalitatieve feedback op individueel niveau over zijn/haar hoogste en laagste waardering (twee open vragen). Ten slotte volgt een in overleg met de klant op maat gesneden online vragenlijst, die dieper op bepaalde aspecten van de productie ingaat.

Bijna real-life testomgeving
Het onderzoek met TIM-Online wordt uitgevoerd onder een representatieve steekproef van kijkers/luisteraars met een internetaansluiting. Het panel bekijkt en beluistert in een zo real-life mogelijke testomgeving het testmateriaal, namelijk thuis via streaming media op hun computer op een voor de productie relevant tijdstip.
Bron: geraadpleegd via www.activereaction.nl op 30 augustus 2011

6.4 De versnellingskamer

Enkele bureaus, waaronder Cadre, maken gebruik van een netwerk van computers, de zogeheten versnellingskamer. Zij zetten deze met name in om organisaties te helpen bij het nemen van complexe beslissingen, strategiebepaling, productontwikkeling en organisatieverandering. De versnellingskamer is een Group Support systeem waarmee groepsprocessen, brainstormsessies en workshops effectiever, sneller en vooral ook plezieriger verlopen. Een sessie met de versneller vindt plaats onder leiding van een procesbegeleider. Deze ondersteunt met behulp van een lokaal netwerk van ongeveer tien, met elkaar verbonden, laptops een aantal vooraf gekozen groepsactiviteiten. Het gaat bijvoorbeeld om het genereren van ideeën, het stellen van prioriteiten, het nemen van beslissingen en het ontwikkelen van plannen. Alle deelnemers beschikken tijdens de sessie over een eigen laptop waarmee zij hun individuele reacties kunnen inbrengen. Om de plenaire discussie te stimuleren kan de moderator de inbreng van de groep direct via een beamer laten zien. Hoewel de laptops een belangrijke rol spelen, blijft de mondelinge discussie van cruciaal belang. De versneller is namelijk geen doel op zich, maar is dienstbaar aan de ondersteuning van het communicatieproces.

Onderzoek met behulp van de versnellingskamer

6.5 Delphi-onderzoek

De Delphi-methode is een vrij ingewikkelde en omslachtige gespreksmethode die vooral door universiteiten wordt gebruikt. Het is een methode om met behulp van het oordeel van deskundigen systematisch, in verschillende rondes, consensus te bereiken over bepaalde vraagstukken. Aan de deelnemers worden stellingen voorgelegd. Zij kunnen aangeven in welke mate ze het eens zijn met de stellingen.

Deze kwalitatieve methode is ongeveer vijftig jaar geleden ontwikkeld als voorspellingstechniek. Ze is genoemd naar het orakel van Delphi uit de Griekse mythologie. In een aantal stadia of ronden wordt een groep van experts via individuele interviews ondervraagd over een specifiek onderwerp. Dat kan telefonisch, in een individueel interview, via de mail of schriftelijk. Na elke ronde worden de oordelen en opinies van de experts gebundeld, verwerkt en teruggekoppeld naar de experts met als doel om overeenstemming te bereiken. De kern van de methode is dat er steeds terugkoppeling van de bevindingen plaatsvindt. De methode wordt vaak gebruikt voor diepte-interviews met experts uit verschillende disciplines. Traditioneel is de methode veel gebruikt voor toekomst- en beleidsonderzoek. Uiteindelijk wil men door de verschillende rondes een hoge mate van consensus en overeenstemming over een bepaald onderwerp bereiken en daarbij weten welke argumenten spelen en hoe men het beste erop kan reageren. Zie voorbeeld 6.3.

■ Voorbeeld 6.3 Thema files

Neem nou het fileprobleem in Nederland. Hierover zouden experts goed met de Delphi-methodiek tot meer inzichten kunnen komen. Door steeds op elkaar te reageren, soms gekke nieuwe inzichten uit te wisselen en terug te koppelen. Iedereen moet wel creatief meedenken en komt er niet meer vanaf met de opmerkingen: 'dat weten we al lang' of 'dat heb ik altijd al gezegd'.

Nieuwe ontwikkelingen of trends zijn al vaak voorspeld in dit soort expertrondes. Maar ook beleid van de overheid of een bedrijf kan aangepast worden op basis van een dergelijke Delphi-techniek. Alle deelnemers geven aannames of maken inschattingen. In iedere ronde worden de ideeën en opvattingen geëvalueerd, gerangschikt en opnieuw beoordeeld op kenmerken zoals wenselijkheid, haalbaarheid, belang en juistheid. Aan het einde zullen bepaalde aannames of ideeën als de meest waarschijnlijke boven komen drijven.

De anonimiteit van de respondenten is bij de Delphi-methode van groot belang. Door anonimiteit wordt minder gelet op status of functie van de deelnemers. Niemand loopt gevaar op gezichtsverlies. Men kan zo tijdens de rondes van mening veranderen, terwijl taboes aangesproken kunnen worden of ook bedenkelijke ideeën geuit kunnen worden. Neem bijvoorbeeld een aantal politici die alleen in een Delphi-achtige omgeving hun echte mening willen geven. Als mensen elkaar echt zien, houden ze zich wellicht in of houden politieke praatjes.

Het zal duidelijk zijn dat 'Delphi' geen gemakkelijke techniek is en veel tijd kost. Maar deze techniek levert uitermate waardevolle informatie. Wil je deze goed toepassen, lees je dan in op een van de websites of volg een cursus.

6.6 Observeren

Het observeren van mensen is een vorm van kwalitatief marktonderzoek, waarbij je actief kijkt naar wat iemand doet. Je kijkt vooral naar het feitelijke gedrag: hoe iemand iets koopt, klaarmaakt, installeert of gebruikt. Zie voorbeeld 6.4.

■ **Voorbeeld 6.4 Observatie van stofzuigergebruik**
Het nauwkeurig observeren van het stofzuigergebruik door schoonmakers bracht aan het licht dat het model van de stofzuiger leidde tot een slechte werkhouding. Dit veroorzaakte vervolgens weer een hoog ziekteverzuim in verband met rugklachten. De fabrikant kon op basis van de gegevens uit deze observatie een nieuw prototype ontwikkelen dat beter inspeelde op het gebruik in de praktijk.

Soms is de respondent zich niet bewust van het feit dat hij geobserveerd wordt, bijvoorbeeld als je met een camera in een winkel werkt. Als onderzoeker ben je wel verplicht om een bordje bij de camera te plaatsen, maar niet iedereen zal dat lezen. Je kunt ook een onderzoek doen met de bedoeling dat de respondent je aanwezigheid vergeet. Dat is bijvoorbeeld het geval als je op de achtergrond meekijkt in een testkeuken. In andere gevallen is de respondent zich wel bewust van je aanwezigheid en neem je als onderzoeker deel aan zijn leven. Dit noemen we participerende observatie. Het doel van onderzoek met behulp van observatie is altijd om zo goed mogelijk zicht te krijgen op het werkelijke gedrag van de respondent.

Er zijn dus verschillende kwalitatieve observatiemethoden mogelijk zoals de testkeuken, proefwinkels, cameraobservatie of als toeschouwer meekijken in het leven van de consument. Een vrij nieuwe en zeer populaire vorm van observatie is de zogeheten consumentensafari.

De consumentensafari
Bij een consumentensafari gaat de kwalitatieve onderzoeker samen met de opdrachtgever van het onderzoek op bezoek bij de klant. Het gaat hierbij om een rondleiding in huis of op de werkplek, in combinatie met een gesprek van ongeveer anderhalf uur. Deze vorm van onderzoek is populair, omdat het vaak gebeurt dat mensen in de producerende bedrijven of bij de organisatie van een opdrachtgever te weinig inzicht hebben in het gedrag en de wensen van hun uiteindelijke doelgroepen. Denk bijvoorbeeld aan de levensmiddelentechnoloog bij een sauzenfabriek, het hoofd administratieve diensten bij een gemeente of een algemeen manager. Zij komen – buiten de eigen kennissenkring – maar zelden in aanraking met doelgroepen als 'werkende moeders', 'allochtonen met een geringe kennis van het Nederlands' of '60-plussers'. Dit gebrek aan kennis kan leiden tot dure fouten, zoals het ontwikkelen van een mobiele telefoon die heel gemakkelijk te bedienen is met enorm grote toetsen. Dit product gaf de ouderen echter het gevoel dat zij niet serieus werden genomen en kennelijk niet in staat werden geacht om met hun tijd mee te gaan. De meeste ouderen willen producten die er eigentijds uitzien en die zeker niet kinderachtig zijn of 'bedoeld voor invaliden'.

Een belangrijk voordeel van de consumentensafari is dat een heel team van mensen in een bedrijf bij het onderzoek kan worden betrokken.

Eerst wordt gezamenlijk besproken wat men van de consumenten denkt te weten. Vervolgens gaan alle medewerkers individueel met de onderzoeker bij enkele respondenten op bezoek: thuis of op het werk. Daarna worden de bevindingen gezamenlijk besproken. Als team trekt men gezamenlijke conclusies over de inzichten die het onderzoek heeft opgeleverd. Dat zorgt ervoor dat in het erop volgende proces van product- en/of campagneontwikkeling alle neuzen dezelfde kant op staan.

De testkeuken
Een bekende vorm van het observeren van consumentengedrag is de testkeuken. Hier maken respondenten (veelal vrouwen) producten klaar. Zo wordt onmiddellijk duidelijk of instructies worden begrepen en of ze erin slagen het product te bereiden. Winkelgedrag van consumenten wordt vaak geobserveerd in een testwinkel. Dit kan een winkel zijn waar men de supermarkt heeft nagebouwd of een werkelijke winkel waar men met een camera het gedrag van consumenten observeert.

Deelnemen aan het dagelijks leven
Kwalitatieve onderzoekers lopen ook steeds vaker mee met respondenten in hun dagelijks leven. De onderzoeker is dan een hele dag aanwezig bij alle dagelijkse gebeurtenissen in een gezin of loopt mee op kantoor. Dat kan interessante inzichten opleveren. Bij een onderzoek in opdracht van een fabrikant van sauzen en mixen ontdekte een onderzoeker bijvoorbeeld dat veel vrouwen zéggen dat zij elke dag verse groenten op tafel zetten, maar dat zij daar in de dagelijkse drukte niet aan toekomen. Ze voelen zich dan schuldig, omdat het eten in hun beleving 'minder gezond' is. Dit bracht een fabrikant van kant-en-klare pastamixen en sauzen op het idee om meer groenten in de saus te verwerken.

Winkelobservatie
Door te kijken hoe mensen zich in een winkel gedragen kun je inzicht krijgen in keuze- en aankoopgedrag. Je kunt daarvoor met een camera werken, maar het is ook mogelijk dat de onderzoeker in de buurt van een persoon gaat staan en notities maakt. Het mag natuurlijk niet opvallen dat op het gedrag van iemand wordt gelet. Daarom wordt veelal met een aantekeningenlijstje gewerkt, dat pas later wordt ingevuld. Het komt ook voor dat de onderzoeker, in aanvulling op de observatie, direct na het moment van kiezen een aantal vragen aan de respondent voorlegt.

■ **Voorbeeld 6.5 Observatie in een winkel**
Stel, je staat in een winkel waar mensen een mobiele telefoon uitproberen. Laat ze bijvoorbeeld proberen om een nieuwe SIM-kaart te installeren. Kijk hoe lang dit duurt, of men de handleiding gebruikt en hoe men te werk gaat. Dit zijn typisch dingen die je kunt observeren.

Oogbewegingen observeren
Een andere vorm van observatie is het registreren van de oogbewegingen. Respondenten krijgen hiervoor een soort camera op hun hoofd geplaatst die volgt welke artikelen zij lezen, naar welke foto's zij kijken en hoe lang zij iets lezen. Voor het onderzoek van tijdschriften maar ook van advertenties biedt deze vorm van observatie veel informatie.

Tegenwoordig is het ook mogelijk de oogbewegingen te registreren van mensen die naar een beeldscherm kijken, zonder dat zij hiervoor een speciale bril hoeven te dragen. Een webcam registreert de bewegingen en stuurt data naar een achterliggende computer. Deze techniek wordt onder andere onder de naam TOBII geleverd.

Tekstmining en webscraping
Mensen geven, gevraagd en ongevraagd, hun mening over merken, bedrijven, organisaties, producten en diensten. Het kan heel interessant zijn om deze uitingen te onderzoeken. Vaak haalt het marktonderzoeksbureau daarbij informatie van internet door te zoeken op blogs, op beoordelingssites en door te kijken naar video's en foto's. Vervolgens moet de inhoud van deze uitingen worden geanalyseerd. Feitelijk is dit een vorm van observatie. In paragraaf 6.9 gaan we hier dieper op in.

6.7 Mystery shopping

Door je als onderzoeker van in de rol de klant te verplaatsen kun je ook observeren. Deze vorm van observatie noemt men mystery shopping. Kort gezegd komt dit erop neer dat een onderzoeker zich voordoet als potentiële koper of gebruiker, om zo het gedrag van het winkelpersoneel te registreren. De dienstverlening en klantvriendelijkheid van het personeel wordt zo systematisch geëvalueerd. Zo worden bijvoorbeeld alle tankstations van een bepaald benzinemerk enkele keren per jaar door een onderzoeker bezocht. Dat gebeurt op verschillende tijden, bijvoorbeeld aan het begin of einde van de werkdag. De onderzoeker moet net als een gewone klant vragen naar diverse diensten, zoals assisteren bij het tanken, het toilet, toelichting bij iets uit de shop en dergelijke. Soms wordt ook afgesproken dat een onderzoeker heel lastig mag doen, om personeel te testen op geduld en adequaat reageren.
Van alle zaken en observaties wordt meteen na het interview, bijvoorbeeld op de terugreis in de auto of trein, zonder dat mensen van het tankstation het zien, nauwkeurig op een invullijst geregistreerd hoe de dienstverlening verliep. De mystery shopper of onderzoeker moet dit wel metéén doen, want na drie bezoeken is hij of zij alweer vergeten hoe het bij de eerste observatie ging.
Op de invullijst beoordeel je dan bijvoorbeeld met een rapportcijfer hoe vriendelijk de verkoper was, of de zaak schoon was enzovoort. De invullijsten worden van tevoren met de klant opgesteld en zijn meestal ongeveer hetzelfde, omdat men over jaren heen wil kunnen vergelijken. Daarom werk je bij deze techniek met meer kwantitatieve vragenlijsten met vaste vragen en antwoordcategorieën. Je eigen beschrijving van de situatie en de manier waarop je aan je informatie komt, is echter meer kwalitatief.

De onderzoekresultaten uit mystery shopping worden teruggekoppeld naar de opdrachtgever en gebruikt ten behoeve van trainingsprogramma's, belonen van goede prestaties, evaluatie van de productkennis van het personeel, standaardisatie van het dienstenpakket met name bij landelijke ketens en evaluatie van de klantvriendelijkheid binnen de eigen winkels of shops. Mystery shopping kan natuurlijk ook gebruikt worden door de concurrent die voor een betere benchmarking, dat wil zeggen een betere positie ten opzichte van de concurrent, inzicht wil krijgen in de dienstverlening van anderen.

Bij mystery shopping kun je natuurlijk ook breder denken dan alleen aan het kopen van producten. Het wordt ook gebruikt om bijvoorbeeld restaurants te testen, gemeenten te testen in hun afhandeling van bijvoorbeeld subsidieaanvragen, inschrijving op scholen, bestellen van studieboeken, telefonische helpdesks die je gaat bellen en verzenden van pakketten door diverse koeriers.

6.8 Spelen

Als je mensen actief wil laten nadenken en hun creativiteit aan het werk wilt zetten, dan is het mogelijk om met een spel te werken. Bord- of kaartspelen zijn leuk om te doen en stimuleren consumenten om mee te denken over bepaalde onderzoeksvragen. Het ontwikkelen van zo'n spel dat past bij je klant kost een onderzoeksbureau echter veel tijd. Als het spel eenmaal is ontwikkeld, dan moeten enkele rondes van maximaal twee uur spelen genoeg zijn om de onderzoeksvraag te beantwoorden.

De vragen en opdrachten kunnen per spelronde verschillen en hangen af van de opdrachtgever. Het marktonderzoeksbureau zal dus van tevoren een goed beeld moeten krijgen van de wensen en mogelijkheden van de opdrachtgever. Deze moet het bureau vertalen in de juiste spelvragen.

De opdrachtgever kun je laten meekijken door middel van een gesloten cameracircuit of een one-way-mirror (spiegelwand). Zo krijgt hij de informatie 'hoe klanten zijn product zien' uit de eerste hand. Het is ook mogelijk dat mensen uit het bedrijf zelf meespelen. We lichten het gebruik van een spel toe aan de hand van een voorbeeld uit de praktijk (voorbeeld 6.6).

■ Voorbeeld 6.6 Design game

In 2004 ontwikkelden de industrieel ontwerpers van FLEX/TheINNOVATION-LAB de Design Game®. Zij bieden dit tegenwoordig samen met marktonderzoeksbureau Blauw Research aan. De game is bedoeld voor bedrijven die willen innoveren. Het spel is onder andere ingezet voor het merk Brabantia, waar men nieuwe keukenhulpmiddelen wilde ontwikkelen.

Het verloop van het spel
Een designgame verloopt als volgt.
De spelleider (moderator), hier dus het marktonderzoeksbureau, stelt twee teams samen die ieder bestaan uit twee consumenten (consumer) en één ontwerper (designer). De leden van het team zijn bekend met producten uit de markt die onderzocht wordt. Als het bijvoorbeeld gaat om een fabrikant van jam en fruit in blik, dan zullen er mensen in het team zitten die graag fruit eten of meer fruit willen eten. Het spel kan zowel met volwassenen als met kinderen gespeeld worden. In het volgende figuur zie je hoe de spelers rond het bord worden opgesteld. Het spel bestaat vervolgens uit twee fasen: analyse en synthese. De analysefase wordt gespeeld op het linker deel van het bord (voor de drie witte veldjes in het midden).

Ideeën uitwerken met behulp van een bordspel

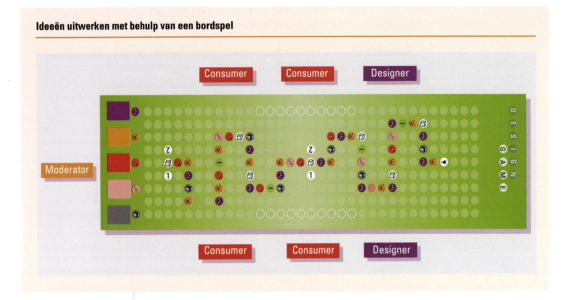

De analysefase heeft als doel dat de deelnemers zich verdiepen in de mogelijkheden en wensen van de markt waarvoor de fabrikant een nieuw product wil ontwikkelen. De deelnemers krijgen daarom allerlei vragen die gaan over deze markt, zoals:
- 'Noem alle positieve dingen die te maken hebben met fruit.'
- 'Noem zo veel mogelijk redenen waarom je niet altijd zo veel fruit eet als je zou willen.'
- 'Noem zo veel mogelijk alternatieven voor fruit.'
- 'Noem alle voorwaarden waaraan fruit moet voldoen (anders is het geen fruit meer).'
- 'Noem zo veel mogelijk manieren om fruit te eten.'

Door deze fase krijgen de deelnemers en de klant een concreet beeld van de markt en zijn mogelijkheden. Er ontstaat een context voor productontwikkeling, dat wil zeggen: het is duidelijk waar kansen liggen als het om fruit gaat en wat randvoorwaarden zijn voor de consument.

Als de eerste fase genoeg informatie heeft opgeleverd, dan gaat het spel over naar de tweede fase. Hierin gaan de teams concrete productideeën bedenken en uitwerken. Ze gaan bekijken hoe eventuele problemen, die in de vorige fase naar voren kwamen, kunnen worden opgelost. Bijvoorbeeld: als ik mijn kinderen fruit meegeef naar school, dan plakt dat zo als ze het opeten. Ook hier krijgen de teams weer opdrachten, zoals:
- 'Noem of teken zo veel mogelijk manieren die het makkelijker maken om zonder gekliender fruit te eten.'
- 'Noem of teken zo veel mogelijk manieren waarop je fruit overal mee naar toe kan nemen.'
- 'Stel, een fabrikant ontwikkelt een kant-en-klare fruitbox. Hoe ziet zo'n box er volgens jullie uit?'

Het resultaat van het spel is dat consumenten samen met een ontwerper een aantal concrete productideeën hebben uitgewerkt. Hierdoor kan het bedrijf in een korte tijd een aantal fases in het ontwikkelen van producten doorlopen.

6.9 Social media onderzoek

Mensen praten met elkaar over producten, diensten en merken. Ze delen positieve en negatieve ervaringen. Tegenwoordig vinden veel van deze conversaties plaats met behulp van internet. Denk bijvoorbeeld aan berichten op Twitter, Facebook, LinkedIn, op vergelijkingssites, fora, in blogs enzovoorts. Deze informatie kan bijzonder interessant zijn voor bedrijven en organisaties.

SocialMediaCheck is een programma voor webmining
Bron: www.socialmediacheck.nl, zoekterm Nike

Een aantal bedrijven werkt inmiddels met webcareteams: een groep mensen die negatieve berichten op internet opspoort en de persoon die deze geplaatst heeft actief benadert. Het doel is in gesprek te komen en de problemen alsnog op te lossen. Er wordt steeds meer marktonderzoek gedaan op basis van deze berichten. Zulk marktonderzoek is zowel kwalitatief als kwantitatief van aard. Het kwantitatieve aspect komt vooral terug in de hoeveelheid gegevens. Op internet moeten enorme hoeveelheden websites, fora, blogs, berichten maar ook foto's, videobeelden en dergelijke worden doorzocht. Hiervoor gebruikt men zogeheten webscraping programma's; deze zoeken naar bepaalde termen. Ze halen stukjes tekst van het internet. Vaak bevat het programma de mogelijkheid om de tekst te interpreteren: is het positief of negatief. Er zijn voor de verschillende taalgebieden programma's beschikbaar en er komen nog steeds nieuwe programma's bij. Enkele namen van bekende programma's zijn Finchline, SocialMediaCheck, Meltwater, Radian 6 en Buzzcapture.

Na het verzamelen van de data volgt er een kwalitatieve fase in het onderzoek. De uitspraken moeten worden bekeken en beoordeeld. De onderzoeker gaat na of het programma de juiste labels toekent. Stel bijvoorbeeld dat een scholier twittert dat hij een bezoek aan het Rijksmuseum 'wreed' vond. Dan kan dat best positief bedoeld zijn. Veel complexer, en daardoor vaak interessanter, is het om te bekijken wat de onderliggende dimensies zijn waarop de klanten een product of dienst beoordelen. Dat doet een onderzoeker door goed te kijken naar de inhoud van de opmerkingen: waar gaan deze over? Wat maakt dat de klant erg tevreden is of juist vond dat het product niet voldeed? In de praktijk blijkt bij deze vorm van onderzoek regelmatig dat klanten andere zaken belangrijk vinden dan de medewerkers van het bedrijf zelf hadden gedacht. Ook komt het nogal eens voor dat mensen letten op zaken waarnaar niemand normaal gesproken zou vragen. Een onderzoekster vertelde dat bij tekstmining duidelijk wordt 'wat je kunt vragen' en 'waar mensen het over hebben' terwijl, in klassiek marktonderzoek de vragen vooraf vastliggen. In het bijgaande artikel over *The Passion* laten we zien hoe een onderzoek naar Twitterberichten in 2011 bijdroeg aan de evaluatie van een evenement.

BRON: CLOU 53, JULI 2011

Uitvoering EO's The Passion

Pasen biedt een meeslepend en dramatisch verhaal rond de persoon van Jezus. Het laatste avondmaal met discipelen die er niets van snappen, de kus van verrader Judas, een arrestatie door soldaten, de foute gezagsdrager Pontius Pilatus, kruisiging op de berg Golgotha. En dan de verrassende terugkeer uit de dood van hoofdpersoon Jezus. De EO heeft aan de hand van dit verhaal de Paasviering vertaald in een theaterstuk en een openbaar evenement: The Passion. Blauw Research onderzocht de beleving. Albert-Jan Schol is bij de EO verantwoordelijk voor klantenservice en onderzoek. Hij licht toe wat de aanleiding was tot dit theaterstuk. 'In het buitenland zijn goede ervaringen opgedaan met dit soort evenementen. Ook in Nederland vieren mensen het Paasfeest. Maar, in tegenstelling tot bijvoorbeeld Kerstmis, weten mensen vaak niet wat er wordt gevierd. De EO wil mensen graag vertellen wie Jezus was en enthousiast maken voor het geloof. Zo'n evenement past dus prima bij onze doelstellingen. We hebben ons gericht op een breed publiek: niet alleen onze achterban maar ook de 'gewone' Nederlander. Daarom zetten we Nederlandse zangers en acteurs in, zoals Syb van der Ploeg, Do en Hanna Verboom. Ook de locatie: de binnenstad van Gouda, past bij een groot publiek. Om zo veel mogelijk mensen te bereiken is het evenement live uitgezonden op Nederland 3 en via internet. Het staat ook op uitzending gemist. Uiteindelijk hebben we een groot aantal mensen bereikt: in Gouda kwamen 15.000 bezoekers en daarnaast hebben 980.000 mensen de gehele uitzending live gezien. Bij zo'n grootschalige activiteit past een degelijke evaluatie op basis van onderzoek.'

Berichten in social media

De EO koos voor een onderzoek in social media. De belangrijkste reden hiervoor is dat zij hiermee meer ervaring op willen doen. 'Net zoals iedereen zijn we volop aan het onderzoeken hoe we de social media gaan inzetten in onze organisatie. Moet je bijvoorbeeld ook klachten behandelen die op Twitter worden geuit? Daarnaast was de relatief lage prijs voor ons een goede reden om dit eens te proberen', vertelt Albert-Jan Schol. Ivo Langbroek, innovation officer bij Blauw, vertelt dat dit type onderzoek inderdaad niet duur hoeft te zijn. 'Er is bij dit evenement enorm getwitterd: liefst 16.000 berichten. Je hoeft echter niet ieder bericht apart te bekijken om een indruk te krijgen van de buzz. Wij hebben de 3.000 berichten met het grootste bereik geanalyseerd. Het gaat dan dus om de mensen met de meeste volgers. Dat geeft een heel duidelijk beeld. Daarnaast hebben we de uitingen op Facebook, blogs, Hyves en websites in kaart gebracht. Daar gaat het om veel kleinere aantallen.'

De meerwaarde van social media onderzoek

Uit het onderzoek blijkt dat The Passion overwegend positief, maar wel gemengd, is ontvangen. Tegenover elke vijf positieve berichten staan twee negatieve. Het idee: 'vertel het verhaal van Pasen', werd positief gewaardeerd. De invulling – een theaterstuk in de open lucht – ook. Kritiek was er vooral op de technische uitvoering: de kwaliteit van de zang, het optreden van de acteurs. Ook het script bleek niet optimaal te zijn: het einde, met de terugkeer van Jezus op aarde, viel min of meer weg. Aan Ivo Langbroek (Blauw) vroegen we of dit – in vergelijking met een vragenlijst onderzoek – nu bijzondere conclusies zijn. 'Toch wel', zo stelt hij vast. 'Van tevoren hadden we ons niet gerealiseerd dat mensen zo veel onderscheid zouden maken tussen het initiatief (Pasen op de kaart zetten) en de technische uitvoering. Uit de analyse van de individuele berichten bleek echter dat dit door de kijkers en bezoekers als twee heel aparte dimensies wordt gezien. Ook de uitspraken zijn bijzonder authentiek. Een bericht zoals: "Oké sorry het concept van THE passion was mooi! Maar vocaal... Ik ken betere Nederlandse zangers..." is volkomen duidelijk. We ontdekten dat de centrale boodschap: Pasen viert de wederopstanding van Jezus, voor het publiek niet altijd duidelijk werd. Dat is niet iets waar je in een enquête een vraag over zou stellen. Verrassend was ook dat niet alleen mensen uit de EO-hoek over dit evenement berichtten. Zo zagen we dat Wilma Nanninga, hoofd entertainment van de Telegraaf, een flinke groep mensen bereikte. We signaleerden rond het evenement een grootschalige discussie over The Passion op het forum van weekblad Viva. Ook dat was voor ons verrassend.'

Checklist

Het is goed mogelijk om kwalitatief onderzoek te doen met behulp van internet. Het vraagt wel de nodige technische ondersteuning. Deze onderzoeksvorm wordt tot nu toe vooral toegepast in een internationale setting en bij het testen van websites.

De drie-stappentest is een onderzoeksmethode die meer inzicht geeft in het werkelijke gedrag van de respondent. Het is minder bewerkelijk dan het daadwerkelijk observeren van de consument thuis.

De Kelly Grid is een sorteer- en selectietechniek met behulp van vergelijkingen.

In de Kritische Incidenten Techniek staan de negatieve of juist positieve ervaringen van de consument centraal.

Het Delphi-onderzoek, met behulp van experts, is geschikt voor beleidsonderzoek en toekomstverkenning.

Het observeren van consumentengedrag maakt duidelijk hoe mensen zich in werkelijkheid gedragen. Je omzeilt hiermee sociaal wenselijke antwoorden. Observatie is ook heel geschikt als je iets wilt weten over gedrag waarvan mensen zich nauwelijks bewust zijn.

Mystery shopping is in opkomst. Het voordeel van deze onderzoeksmethode is dat men meteen feedback kan geven aan het (winkel)personeel over het eigen handelen.

Spelen worden vooral ingezet voor het ontwikkelen van nieuwe producten en campagneconcepten. Het ontwerpen van een spel vraagt veel tijd. Daarom werkt men bij voorkeur met spelen die al ontwikkeld zijn.

Veel bedrijven willen weten wat de klanten over hen, hun producten en diensten zeggen en denken. Het analyseren en interpreteren van de uitspraken op social media, blogs en websites vraagt kwalitatief inzicht van de onderzoeker.

Gezien de groei van social media verwachten we dat tekstmining en webscraping in de toekomst steeds belangrijker worden.

Uitwerking en analyse

7

7.1 Bronmateriaal voor analyse
7.2 De eigenlijke analyse

Nu het proces van dataverzameling is afgerond, kun je de gegevens gaan analyseren. In paragraaf 7.1 beginnen we met de verslaglegging van de onderzoeksvraaggesprekken; dit vormt het 'bronmateriaal' voor de analyse. De gespreksnotulen zijn het belangrijkste bronmateriaal. Aanvullend maken onderzoekers bijna altijd gebruik van geluids- en/of beeldopnamen.

In paragraaf 7.2 staat de 'analyse zelf' centraal: dit houdt in dat je het bronmateriaal nauwkeurig bestudeert en interpreteert. Hiervoor bestaat geen kant-en-klaar 'format'. Je moet gebruikmaken van je gezonde verstand. Om je analytische kwaliteiten verder te ontwikkelen moet je veel oefenen en ook regelmatig met collega's bespreken wat zij uit een bepaald gesprek halen. Je kunt bij het analyseren gebruikmaken van hulpmiddelen, zoals verschillende ordeningsmethoden en/of een analyseschema.

7.1 Bronmateriaal voor analyse

Voor de analyse van kwalitatieve onderzoeksgegevens maak je gebruik van de eerste indrukken en ervaringen die je tijdens de gesprekken hebt opgedaan. Echter, dit alleen is vaak niet voldoende. Immers, in een relatief kort tijdsbestek spreek je met een veelheid aan mensen die elk hun eigen opvattingen, ideeën, gedachten en gevoelens hebben bij het onderwerp van gesprek. Zeker wanneer de meningen van respondenten sterk uiteenlopen, is het moeilijk om je een beeld te vormen van de belangrijkste bevindingen. Maar ook wanneer de antwoordpatronen in hoofdlijnen met elkaar overeenstemmen, is het zaak te zorgen voor de nodige nuancering. Belangrijk is het dan om terug te kunnen grijpen naar meer objectieve en tastbare bronnen voor analyse ter aanvulling op en verfijning van je eerste eigen bevindingen. Dit geldt nog sterker voor grote, complexe onderzoeksprojecten. Schriftelijke of digitale notulen zijn hierbij de belangrijkste hulpmiddelen. In deze paragraaf bespreken we hoe je met het oog op de analyse kunt zorgen voor een goede, bruikbare verslaglegging van kwalitatieve onderzoeksvraaggesprekken. Dit doen we door achtereenvolgens stil te staan bij het maken van notulen en het werken met geluids- en/of beeldopnamen.

7.1.1 Maken van notulen

Notulen bevatten een zo letterlijk mogelijke weergave van datgene dat tijdens de vraaggesprekken door de onderzoeker en respondent is gezegd. Het lezen van de notulen helpt je de gesprekken weer helder voor ogen te krijgen, zonder dat je daarvoor eerst de audio(visuele) opnamen volledig hoeft na te zien en/of uit te schrijven. Bij 30 interviews van een uur betekent dat al gauw 60 uur voor het uitwerken, en die tijd is er meestal niet.

Notuleren spaart dus veel tijd. Dat wil zeggen, als de notulen correct en volledig zijn opgesteld. Notuleren is een inspannende bezigheid en vereist de volledige inzet en betrokkenheid van degene die notuleert. Wanneer zijn of haar aandacht bij het gesprek ook maar even verslapt, zal dit directe gevolgen hebben voor de kwaliteit én dus de bruikbaarheid van de notulen. Je kunt je voorstellen hoe vervelend het is voor de onderzoeker om tijdens de analysefase te moeten ontdekken dat er belangrijke gesprekspassages in de notulen ontbreken. Of dat uitspraken van respondenten zo kort of cryptisch zijn weergegeven, dat niet duidelijk is wat exact door respondenten gezegd of bedoeld is. In voorbeeld 7.1 zie je hoe een slechte notulering tot interpretatiemoeilijkheden voor de onderzoeker leidt.

■ **Voorbeeld 7.1 Voorbeeld van slechte notulen**

Op de vraag 'Waarom heb je destijds besloten tot de aanschaf van een mobiele telefoon?' geeft Janine het volgende letterlijke antwoord:

'Tja, voor mij hoefde het eigenlijk niet zonodig. Het was meer mijn man die erop aandrong dat ik er een aan zou schaffen. Omdat ik voor mijn werk nogal vaak 's avonds laat alleen op pad ben met de auto, en je tegenwoordig vaker hoort dat vrouwen aan de kant gedrukt en overvallen worden, was het voor hem een veilig idee dat ik hem altijd zou kunnen bellen als dat nodig mocht zijn.'

In de notulen zijn de vraag en het antwoord als volgt weergegeven:

Onderzoeker: waarom mobiel tel. aangeschaft?
Respondent: man drong erop aan, 's avonds alleen op pad, kunnen bellen in geval van nood.

Deze notulering laat te veel in het midden wie er 's avonds op pad is. Is dat Janine of juist haar man? En wat is daarbij de link naar 'bellen in nood'? Bovendien, wie wil wie kunnen bellen in geval van nood?

Een juiste manier van notuleren is de volgende:
Onderzoeker: waarom aanschaf van mobiele telefoon?
Respondent: ik niet zonodig. Man drong aan: ik ben voor werk vaak laat alleen op pad met auto + tegenwoordig vrouwen a/d kant gedrukt + overvallen > veilig idee voor man dat ik hem kon bellen.

Bij het maken van de notulen maakt degene die notuleert gebruik van codes, zowel voor het aanduiden van de vragen als van de respondenten. Hierna laten we zien op welke wijze dit gebeurt.

Fragment uit notulen van een groepsdiscussie over mobiele telefoons

B1 Item	Waar denkt u aan bij mobiel telefoneren?
1	hulpmiddel voor politie
4	superhandig, onmisbaar
2	leuk om foto's te maken
3	nieuwste toestellen, creditcard formaat
5	irritant gerinkel in de trein, nietszeggende gesprekken
7	straling en risico's voor de gezondheid
6	een niet te stoppen ontwikkeling, wappen
B2 Item	Sommigen van u benoemen de positieve kanten, anderen denken in eerste instantie aan de negatieve kanten van mobiel telefoneren. Laten we eerst kijken naar de voordelen die zijn verbonden aan mobiel telefoneren. Welke zijn dat volgens u?
4	Nou, het grootste voordeel voor mij is dat je nooit meer hoeft te zoeken naar een telefooncel of telefoonkaart.
1	Nee, i.p.v. te zoeken naar een cel ben je nu uren bezig met het bijhouden van de nieuwste ontwikkelingen, trends, het uitvogelen van hoe je toestel werkt. Tijdgewin = fictief.
7+5	Knikken instemmend
6	Niet mee eens.
2	Ik ook niet. Is erg zwart-wit gesteld. In sommige situaties kan het zeker handig zijn. Mobiele telefoon puur en alleen als gebruiksvoorwerp, niet als luxe modieuze accessoire.

In de kantlijn van de notulen staat aangegeven wie wat over welk item heeft gezegd. Hierbij wordt voor de aanduiding van het item eenzelfde letter- en/of nummeraanduiding gehanteerd als op de vragenlijst voor het onderzoek; bijvoorbeeld de aanduiding B1 in de vragenlijst voor het item 'eerste associaties bij mobiel telefoneren'. De wijze waarop de personen worden aangeduid is afhankelijk van het aantal respondenten dat aan het gesprek deelneemt. Is er sprake van slechts één respondent, dan is het gebruikelijk om de afkortingen 'int' (interviewer) en 'resp' (respondent) te hanteren.

Anders wordt het wanneer er sprake is van meer deelnemers aan het gesprek; in dat geval is de term 'resp' op een ieder van toepassing en is het raadzaamer om elk van de respondenten een nummer toe te kennen. Op die manier hoeft degene die notuleert niet alle namen van de deelnemers van buiten te kennen én kan hij toch op snelle en efficiënte wijze noteren wie wat zegt.

> **Tip**
>
> **Noteer de nummers van de respondenten**
> Teken op een leeg papier na wie waar aan tafel zit en noteer daarbij het corresponderende nummer. Dit om tijdens het notuleren je niet te vergissen in de nummers bij de respondenten én om later, indien nodig, altijd terug te kunnen zoeken welke uitspraken in de notulen door welke respondent zijn gedaan.

Notuleren bij onderzoeken is allesbehalve een activiteit die je er even bij doet. Gebruikelijk in het marktonderzoek is een notulist(e) in te schakelen, die van achter een 'eigen' tafel in de onderzoeksruimte de gesprekken aanhoort en zorgvuldig notuleert. In de praktijk gaat het hierbij om getrainde (!) studenten, stagiaires en/of mensen die een zakcentje willen bijverdienen. De vergoeding die zij ontvangen voor het notuleren bedraagt meestal tussen de 15 en 25 euro netto per uur.

> **Tip**
>
> **Een goede instructie aan de notulist is van belang**
> Vraag één van je studiegenoten om tijdens het onderzoek te notuleren. Zijn of haar aanwezigheid stelt jou in staat je volledig te concentreren op datgene wat de respondent zegt of doet. Geef de notulist een goede toelichting op het onderzoek, door samen met hem of haar de checklist door te lopen en daarbij aan te geven welke items op welke manier genotuleerd moeten worden. Dit om te voorkomen dat er tijdens het notuleren onduidelijkheid ontstaat over wat op welke wijze genotuleerd moet worden en er onbruikbare notulen ontstaan, waardoor je alsnog alle opnamen opnieuw moet bekijken en beluisteren.

■ **Voorbeeld 7.2 Instructie aan notulist voor onderzoek naar geefgedrag**
Derdejaars studente Marijke voert in het kader van haar studie heao-CE een kwalitatief onderzoek uit onder huisvrouwen in de leeftijd van dertig tot vijftig jaar naar hun geefgedrag aan goede doelen. In de bijlagen van het onderzoeksverslag wil Marijke een overzicht opnemen van de vijf meest en de vijf minst aansprekende goede doelen, evenals een top drie van de goede doelen waaraan de respondenten het meeste geld zouden willen geven.
Tijdens de groepsdiscussies wil Marijke de respondenten vragen om elk afzonderlijk een kleine dertigtal 'goede doelen' op kaartjes te sorteren naar 'aansprekend' en 'niet aansprekend'. Vervolgens zal ze vragen om de kaartjes die bij 'aansprekend' liggen te sorteren naar 'veel geld voor over' en 'minder geld voor over'. Tot slot zal Marijke de respondenten vragen van die goede doelen waar ze veel geld voor over hebben, de drie doelen te sorteren waar ze het meeste geld voor over hebben. Ze maakt een rondje langs de respondenten, waarbij ieder de geselecteerde doelen noemt.
Met behulp van één instructie weet de notulist(e) tijdens het onderzoeksvraaggesprek exact hoe Marijke deze sortering van 'goede doelen' genotuleerd wil hebben, en kan ze reeds vooraf twee kolommen aanmaken met 'niet/nauwelijks aansprekend' en 'veel geld voor over' en daarna de nummers noteren of aankruisen. Een andere mogelijkheid is om de kaartjes in diverse enveloppen te laten opbergen of respondenten zelf de nummers in een schema te laten noteren.

7.1.2 Beeld- en geluidsopnamen

Het meest primaire bronmateriaal van kwalitatief onderzoek betreffen de geluids- en/of beeldopnamen van de gesprekken die zijn gevoerd. Door het maken van dergelijke opnamen kun je op elk gewenst moment teruggrijpen naar de originele gesprekken.

Dit is belangrijk, omdat zelfs de meest ervaren notulist niet in staat is alles letterlijk te noteren. Zeker niet wanneer respondenten een snelle en uitvoerige manier van praten hebben, elkaar in de rede vallen of door elkaar heen praten.

Ook wanneer de onderzoeker niet alle gesprekken zelf heeft gevoerd, bieden de notulen alléén onvoldoende houvast. Voor het komen tot een genuanceerde en weloverwogen analyse, is het belangrijk om ook een beeld te hebben van het kader waarin bepaalde uitspraken zijn gedaan; intonatie en non-verbaal gedrag spelen hierbij een belangrijk rol. Maar al heeft de onderzoeker wél alle gesprekken zelf uitgevoerd, ook dan zal hij of zij zich niet altijd alle details en uitspraken voor de geest kunnen halen.

In beide gevallen zal het opnamemateriaal uitkomst bieden. De onderzoeker heeft de mogelijkheid om de gesprekken volledig te kunnen bekijken of beluisteren, dan wel te 'screenen' op relevante en bruikbare citaten voor de rapportage of non-verbaal gedrag.

In de tweede plaats, maar niet minder belangrijk, dienen de opnamen ter bewijs en controle voor de opdrachtgever. Indien deze daar twijfels over mocht hebben, hoe onwaarschijnlijk ook, dan kun je aan de hand van het opnamemateriaal altijd aantonen dat het onderzoek daadwerkelijk heeft plaatsgevonden en dat bepaalde zaken 'echt' gezegd zijn. Daarnaast dienen de opnamen als referentie voor het geval tussen opdrachtgever en onderzoeker verschillen van inzichten bestaan over de gemaakte analyse. Geluids- en beeldopnamen moeten dan ook tot minimaal drie maanden na het onderzoek worden bewaard.

Privacyregels
Overhandig gespreksopnamen nooit aan de opdrachtgever zonder voorafgaande formele toestemming van de respondenten. Opnamebanden blijven altijd in het bezit van degene die het onderzoek heeft uitgevoerd, tenzij respondenten nadrukkelijk toestemming hebben gegeven voor overhandiging aan de opdrachtgever.

Afhankelijk van de hoeveelheid tijd en geld die voor het onderzoek beschikbaar is, kun je de gespreksopnamen ook volledig uit (laten) 'schrijven' tot gedigitaliseerde gespreksprotocollen. Het belangrijkste voordeel hiervan is dat de onderzoeker letterlijk alles kan terugvinden wat door respondenten is gezegd en boeiende citaten kan 'blokken' naar de rapportage. Echter, het letterlijk uitwerken van een één uur durend gesprek kost al gauw twee tot tweeënhalf uur en is dus erg arbeidsintensief. Zet dit af tegen een gemiddeld uurtarief van 50 euro voor de uitwerker en je begrijpt direct dat kwalitatief onderzoekers, maar meer nog de opdrachtgevers, zelden voor deze optie kiezen.

Als de projectleider van het onderzoek toch kiest voor een transcript van de geluidsopnamen, dan zal hij dit meestal uitbesteden aan een stagiaire, secretaresse of inhuurkracht. De kosten hiervan zijn veel lager dan de kosten die de onderzoeker zou maken als hij zelf het opnamemateriaal volledig moest uittypen.

> **Tip**
>
> **Zelf gesprekken uitwerken**
> Voor een beginnend onderzoeker is het letterlijk uitwerken van gevoerde gesprekken een goede, zinvolle oefening. Je ziet dan of de notulen goed zijn: beginnende notulisten slaan nog wel eens iets over of noteren onjuiste uitspraken. Het laat ook zien op welke momenten je als onderzoeker te veel sturend bent geweest in je vragen of door je reacties.

7.2 De eigenlijke analyse

Bij kwalitatief onderzoek ligt het antwoord op de onderzoeksvragen besloten in de gesprekken die je met de respondenten hebt gevoerd; in hun woorden, zinsneden, zinnen, non-verbale gedragingen en gedachtegangen. Het is de taak van de onderzoeker om uit het geheel aan gegevens tot een logische ordening en betekenisverlening te komen. Hierbij gaat deze in eerste instantie af op de eerste indrukken en bevindingen en toetst deze, zo mogelijk, aan de waarnemingen van collega-onderzoekers en eventuele meekijkers. Vervolgens bestudeert hij of zij nauwkeurig de notulen en het opnamemateriaal van de gesprekken om de eerste waarnemingen aan te vullen en verder te verfijnen.

In de volgende subparagrafen beschrijven we hoe het analyseproces verloopt.

7.2.1 Eerste indrukken en bevindingen

In veel gevallen moet uiterlijk drie weken na afronding van de onderzoeksvraaggesprekken het definitieve rapport in bezit van de opdrachtgever zijn. Veel tijd om de gesprekken te laten bezinken is er dan ook niet. Kwalitatieve onderzoekers zullen zich dan ook reeds tijdens de vraaggesprekken een zo duidelijk mogelijk beeld proberen te vormen van de belangrijkste bevindingen. Dit beeld is de basis voor het onderzoeksverslag. Door het doorvragen, het (impliciet) vragen om toelichtingen en/of nuanceringen, het geven van tussentijdse en afsluitende samenvattingen probeert de onderzoeker uitspraken en (non-verbale) gedragingen door respondenten al tijdens het onderzoek een 'plaats' te geven.

> **Tip**
>
> **Schrijf je eerste waarnemingen op**
> Schrijf na afloop van elke onderzoeksdag kort op wat je indrukken en bevindingen zijn geweest van de gesprekken van die dag. Het opschrijven van de eerste waarnemingen helpt je om bij het schrijven van de rapportage de diverse gesprekken weer helder voor ogen te krijgen.

Ook onderzoekers hebben grenzen aan hun waarnemend vermogen. Toets daarom je eigen (eerste) waarneming aan die van collega-onderzoekers en/of meekijkers.

> **Tip**
>
> Ga direct na afloop van de (laatste) onderzoeksdag rond de tafel zitten met je collega-onderzoeker(s) en de aanwezige personen van de opdrachtgeverskant. Vraag elk afzonderlijk naar zijn of haar eerste indrukken en bevindingen en

noteer de punten waarop de meningen en opvattingen met elkaar overeenstemmen, dan wel van elkaar afwijken.

7.2.2 Nadere bestudering van gespreksuitwerkingen

Voor een volledige, juiste en genuanceerde presentatie van de onderzoeksresultaten, zul je aan de hand van de notulen en het (uitgewerkte) opnamemateriaal de diverse gesprekken aan een nadere analyse moeten onderwerpen. Je kunt dit op verschillende manieren doen.

Aantekeningen in de kantlijn

Een veelgebruikte manier om het analyseproces inzichtelijk en navolgbaar te maken, is het maken van aantekeningen in de kantlijn van de gespreksverslagen. Al lezende voorzie je interessante of opmerkelijke uitspraken van respondenten van steekwoordsgewijze, verklarende aantekeningen.

Tip

Notuleren

Om voldoende ruimte te hebben voor het maken van aantekeningen in de kantlijn van de notulen is het raadzaam een spiraalblok te gebruiken voor de geschreven notulen. In dit spiraalblok laat de notulist alle linkerpagina's leeg voor de latere analyse van hetgeen op de rechterpagina is genotuleerd.

Toekennen van labels of trefwoorden

Ook kun je in de kantlijn bijvoorbeeld de uitspraken van respondenten van een label of trefwoord voorzien en deze in een later stadium turven om een beeld te krijgen van de mate waarin de meningen van respondenten overeenkomen dan wel verdeeld blijven. We zullen dit aan de hand van voorbeeld 7.3 toelichten.

■ **Voorbeeld 7.3 Associaties bij IKEA**

Jan-Willem heeft zes groepsdiscussies geleid, waarin hij respondenten heeft gevraagd naar hun eerste associaties bij IKEA. Na afloop van de discussies heeft Jan-Willem het idee dat verreweg het merendeel van de respondenten positieve associaties benoemde. Om te kijken of deze indruk juist is, besluit hij alle geregistreerde reacties bij het item 'eerste associaties' te voorzien van het label 'positief', 'neutraal' of 'negatief'.

B1		Item Waar denk je aan bij het woord 'IKEA'?
positief	1	groot, veelzijdig, modieus
positief	4	gezellige winkelaankleding, vriendelijke bediening
positief	2	oerdegelijke kwaliteit
positief	3	ga ik wekelijks heen, geweldige zaak
negatief	5	onbruikbare handleidingen, incomplete bouwpakketten
negatief	7	burgerlijke zaak, producten voor de massa; smakeloos
positief	6	ruim assortiment, betaalbare spullen
neutraal	8	Scandinavië

De kantlijngegevens bevestigen het vermoeden van Jan-Willem dat de meeste associaties positief van aard zijn. Echter, dit is nog maar de conclusie van één groepsdiscussie. Nu is het zaak voor Jan-Willem om hetzelfde item in de overige notulen ook van trefwoorden te voorzien om zodoende een totaalbeeld te krijgen van hoe de positieve, neutrale en negatieve reacties zich tot elkaar verhouden.

Voor het toekennen en ordenen van trefwoorden kun je ook gebruikmaken van computerondersteunende programma's als Kwalitan en Atlas.ti. Het grootste voordeel van deze programma's is de computergestuurde ordening van data. Op basis van trefwoorden die je zelf aan tekstfragmenten hebt toegekend, selecteert en groepeert de computer de data.

> **Tip**
>
> **Digitaliseren notulen**
> Voordat je trefwoorden kunt toekennen, moet je over een digitale uitwerking van de gesprekken beschikken. In geval je alleen over handgeschreven notulen beschikt, betekent dit dat je deze eerst moet (laten) uittypen.

Groeperen van uitspraken
Een andere manier om snel inzicht te krijgen in wat respondenten hebben gezegd over de diverse gespreksitems, betreft het bij elkaar plaatsen van relevante uitspraken uit de diverse gespreksverslagen. Dit kun je doen als je de beschikking hebt over een digitale uitwerking van de gesprekken. In dat geval kun je met de Microsoft Word-functie 'copy and paste' (knippen en plakken) op snelle en eenvoudige wijze alles wat gezegd is over een bepaald onderwerp samenvatten.
Bovendien kun je ervoor kiezen om uitspraken te selecteren en via de knop 'opmaak' uit de menubalk van typografische kenmerken (gekleurd, vet, cursief en/of onderstreept) te voorzien. Dit is met name handig wanneer het onderzoek is uitgevoerd onder diverse respondentgroepen en je snel een overzicht wilt hebben van de punten waarop respondenten eenzelfde, dan wel een afwijkende mening hanteren. In voorbeeld 7.4 tonen we hoe het groeperen en markeren van uitspraken leidt tot een heldere analyse.

■ Voorbeeld 7.4 Groeperen van uitspraken
Carolien onderzoekt in hoeverre de welkomstpagina van de internetsite Nederlandse Vereniging van Huizenbezitters (NVH), de homepage, aansprekend is voor de leden van de vereniging. Om te zien of er verschillen bestaan in de beoordeling door mannen en door vrouwen, besluit Carolien alle uitspraken onder elkaar te zetten en daarbij met typografische kenmerken aan te geven welke door mannen en welke door vrouwen zijn gedaan.

Uitspraken door **mannen** en *vrouwen* t.a.v. de vormgeving van de homepage

- **'Ik vind het een beetje saai vormgegeven, er zit maar weinig schwung in. Ook het lettertype vind ik erg klein.'**
- *'Helder, niet te veel poespas met bewegende banners enzo, gewoon praktisch.'*
- **'Tja, niet echt spraakmakend hè? Ik zou er tenminste zo aan voorbijgaan, het prikkelt niet.'**
- **'Gaat wel. Het is wel duidelijk vind ik, maar het nodigt niet echt uit om de site te gaan bekijken.'**
- *'Ik vind dit gewoon goed, geen overdreven toeters en bellen zoals je die tegenwoordig zo vaak ziet. En ook het kleurgebruik vind ik goed, paars werkt rustgevend. Alleen zou ik liever een wat groter lettertype zien.'*
- *'Ziet er mooi strak uit, niks op aan te merken.'*
- **'Ik vind de vormgeving niet mooi, veel te braaf. Ze hebben hier echt getracht op safe te gaan. En dan die letters, gewoon irritant klein!'**

- 'Ik vind hem wel mooi, maar ja... ik moet zeggen dat ik er niet echt veel verstand van heb. Zo lang zit ik nog niet op internet. Zijn die letters op andere pagina's ook zo klein trouwens?'
- 'Mwa... ik zou zelf voor wat sprekender kleuren gaan denk ik. En ook het lettertype zou ik veranderen, wat speelser en misschien ook wat groter maken.'
- 'Ik vind het best mooi vormgegeven hoor.'

De methode van analyse maakt direct inzichtelijk op welke punten mannen en vrouwen het met elkaar eens, dan wel oneens zijn. Carolien noteert haar conclusie:
'In tegenstelling tot vrouwen, voelen de meeste mannelijke leden van de NVH zich niet tot nauwelijks aangesproken door de vormgeving van de homepage. Daar waar de vormgeving door vrouwen als "strak" en "functioneel" wordt omschreven, spreken mannen in termen van "saai" en "niet prikkelend". Zowel mannen als vrouwen vinden het lettercorps te klein.'

Een andere manier om uitspraken te groeperen is het werken met plakbriefjes (post-it notes). Noteer de uitspraken (zo nodig in verkorte vorm) met pen of potlood op de briefjes. Plak de briefjes vervolgens in groepen bij elkaar. Dat kun je doen op een flip-over of een gladde kastdeur. Het voordeel van deze methode is dat je de briefjes steeds op een andere manier kunt groeperen, totdat je vindt dat er een logische samenhang is ontstaan. Om inzicht te krijgen of er relaties zijn tussen kenmerken van respondenten en de uitspraken die zij doen, kun je gebruikmaken van gekleurde briefjes. Je gebruikt dan bijvoorbeeld blauw voor mannen en roze voor vrouwen.

Het analyseschema
Een andere methode om uitspraken van respondenten op overzichtelijke wijze te groeperen, is het werken met een groot vel papier, een zogeheten folio. Dit houdt in dat de reacties van respondenten zo letterlijk mogelijk worden overgenomen in een schema dat volgens de vooraf opgestelde selectiecriteria is gestructureerd. Op die manier zie je niet alleen waar overeenkomsten en verschillen tussen, maar ook binnen de diverse respondentgroepen bestaan. In voorbeeld 7.5 zie je hoe je tot een schematische indeling van reacties kunt komen.

■ **Voorbeeld 7.5 Opzet van een analyseschema**

Item A1	Mannen		Vrouwen	
	20–35 jaar	36–50 jaar	20–35 jaar	36–50 jaar
Veel ervaring met product				
Enige ervaring met product				
Geen ervaring met product				

Om alle uitspraken van respondenten volledig over te kunnen nemen in een analyseschema, heb je veel ruimte nodig. Je kunt dit oplossen door een serie flip-overvellen op een lege wand te hangen. Op het geheel van deze vellen teken je de contouren van het schema en vult deze in met handgeschreven, dan wel geprinte uitspraken van respondenten. Je kunt ook kiezen voor het aanmaken van een digitaal analyseschema in word of exel.

Tip

Handige instellingen in Word
Kies voor een 'landscape' pagina-instelling en – als dat kan – voor een afdrukmogelijkheid op A3-formaat. Met een lettertype corps 8 of 9 pt kom je een heel eind met de beschikbare ruimte. Laat de beeldinstelling wel minimaal op 100% staan. Zo behoud je het totaaloverzicht, zonder dat je een leesbril nodig hebt om de kleine lettertjes te kunnen lezen.

Checklist
De inhoud van groepsdiscussies of interviews is vastgelegd in notulen, aantekeningen en soms ook door middel van video/audio-opnamen.

Het verwerken van opnamen is een tijdrovende zaak. Zorg daarom voor goede aantekeningen of notulen van de bijeenkomsten.

Omwille van privacy mag je de opnamen van bijeenkomsten bijna nooit aan je opdrachtgever ter beschikking stellen.

Wil je beelden van de bijeenkomst gebruiken in presentaties aan de opdrachtgever en/of zijn collega's? Vraag dan vooraf schriftelijke toestemming aan de respondenten.

Ook als de respondenten toestemming hebben gegeven om beelden of uitspraken te gebruiken, dan nog moet je goede afspraken maken met de opdrachtgever over het bewaren, bekijken en gebruiken van dit materiaal, bijvoorbeeld voor reclamedoeleinden. Als onderzoeker blijf je hiervoor aansprakelijk.

Je eerste indrukken zijn een goed uitgangspunt voor verdere analyse. Noteer tijdens het gesprek voor jezelf kort wat je opvalt en schrijf ook de hoofdpunten op na de bijeenkomst.

Bespreek de bevindingen direct na de bijeenkomst met andere aanwezigen van het onderzoeksteam. Het is heel plezierig als de opdrachtgever bij het onderzoek aanwezig is, laat hem of haar in dat geval meteen na afloop meedenken over de bevindingen.

Gebruik kleurstiften, labels en trefwoorden om ordening aan te brengen in het materiaal.

Plaats kernuitspraken op plakbriefjes en rangschik deze op een flipover, op een kast of een muur.

Een analyseschema kan je helpen om meer inzicht te krijgen in de betekenis van de verschillende uitspraken.

Het is mogelijk om teksten te analyseren met behulp van geautomatiseerde programma's.

Voor de software moet meestal worden betaald. Soms kun je als student een gratis proefprogramma downloaden.

Rapportage van kwalitatief onderzoek

8.1 Type rapport
8.2 Opbouw en indeling
8.3 Het raamwerk maken
8.4 De inleiding op je rapport
8.5 Beschrijven van de resultaten
8.6 Last but not least: samenvatting en conclusies

In dit hoofdstuk gaan we in op de vormen van schriftelijke rapportage van kwalitatief onderzoek. Na afronding van de interviews of discussies moet je de opdrachtgever informeren over de resultaten. Dat kan natuurlijk mondeling, in een visuele presentatie of bijvoorbeeld in een videoverslag met interessante interviewfragmenten. In aanvulling hierop stelt de onderzoeker meestal een schriftelijk rapport op. Een rapport legt resultaten voor de toekomst vast, geeft verantwoording en maakt het mogelijk om altijd op de resultaten terug te grijpen. Hier lees je welke zaken standaard in een rapport vermeld moeten worden. Ook krijg je een duidelijke handleiding voor de vormgeving van een rapport, zoals onder andere de indeling, maar ook het verwerken van citaten in de tekst.

In dit hoofdstuk bespreken we in paragraaf 8.1 de diverse vormen van rapportage waaruit je kunt kiezen, zoals een uitgebreide en zeer volledige rapportage (full report), de management summary of rapporteren in toplines. In paragraaf 8.2 geven we aan hoe een kwalitatief rapport opgebouwd en ingedeeld moet worden. Vervolgens wordt in paragraaf 8.3 toegelicht welke informatie op de titelpagina en in de inhoudsopgave hoort. In paragraaf 8.4 geven we voorbeelden van een inleiding, in paragraaf 8.5 een voorbeeld van hoe je de resultaten kunt weergeven. In paragraaf 8.6 ten slotte gaan we in op het wellicht meest gelezen hoofdstuk van een rapport: de samenvatting en conclusies.

8.1 Type rapport

Bijna altijd verwacht een opdrachtgever een schriftelijke rapportage die door een grote groep mensen gelezen en na enige tijd ook herlezen kan worden. Hoe uitgebreid deze moet zijn, bepaalt je opdrachtgever. Sommigen willen een uitgebreid verslag, anderen zijn tevreden met een korte samenvatting van de resultaten. Daarom heeft men voor schriftelijke rapporten de volgende indelingen naar lengte gemaakt:
- uitgebreide rapportage, full report met een goede samenvatting voorin;
- korte rapportage, rapportage op hoofdlijnen of management summary;
- bullet report of toplines.

Een uitgebreid, volledig verslag start altijd met een duidelijke inleiding, met achtergronden en een toelichting bij de opzet, gevolgd door één of meer hoofdstukken met uitvoerige beschrijvingen en samenvattingen van de resultaten. Deze rapportage noemt men ook wel 'full report'. In een uitgebreid rapport worden veel citaten ter illustratie gebruikt.

De lengte van een management summary ligt bij maximaal vijftien pagina's, een full report of uitgebreid rapport omvat meestal dertig pagina's of meer. Dat is geteld zonder de bijlagen, want deze kunnen omvangrijk zijn. In de bijlagen van een full report worden bijvoorbeeld de checklist, een overzicht met respondenten of geanonimiseerde invullijsten opgenomen. Indien gedrukt materiaal is getest, zoals een advertentie, brochure, etiketten of affiches, moeten kopieën hiervan in de bijlage opgenomen worden. De uitgewerkte notulen worden vrijwel nooit in het rapport opgenomen! Dit is een enorme hoeveelheid saaie tekst. Als de opdrachtgever erom vraagt, kun je deze uitgewerkte verslagen wel als losse bijlage toevoegen, maar dan moet je er wel voor zorgen dat de gespreksverslagen anoniem zijn of dat je toestemming van de respondenten hebt om de verslagen aan de opdrachtgever door te geven.

Een bullet report of toplines geven als het ware alleen maar punten (bullets of opsommingstekens genoemd) met korte tekst erachter. Vaak wordt dit in een PowerPoint-vorm gedaan.

Welke vorm van rapportage geschreven moet worden, hangt af van wat je opdrachtgever van belang vindt om op te nemen, van wat hij te weten wil komen en soms ook van het beschikbare budget. Een marketingmanager leest bijvoorbeeld bij voorkeur een uitgebreid verslag om zijn eigen conclusie eruit te filteren of op ideeën te komen, zijn directeur leest in verband met tijdgebrek alleen de samenvatting of toplines. Kortom, het is van belang om van tevoren goed bij de opdrachtgever te informeren welk type rapport men wil hebben. Wil men een kort of uitvoerig rapport? Wil men conclusies en aanbevelingen erbij? Wat hoeft niet in het rapport en kan in een bijlage worden opgenomen?

(www) Op de website vind je, onder materialen uit de praktijk, verschillende voorbeelden van rapporten. Kijk voor een voorbeeld van een PowerPoint-presentatie naar de 'Rapportage Vim', voor een managementsamenvatting

in het ANWB-rapport 'Peiling kilometerprijs' en voor een kort en bondig onderzoeksverslag naar 'Gazelle: pretest spotje'.

8.2 Opbouw en indeling

Bepalend voor de opbouw van je rapport zijn de vragen waar je opdrachtgever antwoord op wil hebben. Vraag anders nog even vanuit welke invalshoek er moet worden gekozen. Hiervoor geven we een voorbeeld: als je onderzoek in vijf winkels van een bekend kledingmerk hebt gedaan, wil men dan in de rapportage een hoofdstuk met resultaten per winkel, of juist een thematische indeling? Dus één hoofdstuk over pashokjes, één over klantvriendelijkheid, één over de opstelling enzovoort.

Gewenste invalshoek
Voor de start van de rapportage van de uitgevoerde diepte-interviews of groepsdiscussies is het van belang met de opdrachtgever de invalshoek voor de analyse nog eens goed te bespreken (voorbeeld 8.1). Daarvan hangt sterk af in welke vorm je gaat rapporteren.

■ **Voorbeeld 8.1 Invalshoek rapport onderzoek hbo- en mbo-scholen**
Voor een onderzoek naar de verschillen in sfeer op hbo- en mbo-scholen zijn directeuren en docenten maar ook leerlingen geïnterviewd. Nu zijn er twee mogelijkheden voor je rapportage.
1 Je schrijft één hoofdstuk waarin alles staat wat de directeuren en docenten hebben gezegd en één hoofdstuk over wat de leerlingen hebben gezegd;
2 Je kiest ervoor om één hoofdstuk over het mbo te schrijven, met daarin alle uitspraken van directeuren, docenten en leerlingen, en apart één hoofdstuk over het hbo.

De probleemstelling helpt je vaak al om de juiste invalshoek te kiezen. Het is echter altijd goed om de insteek voor je rapportage nog tijdig bij je opdrachtgever te checken. Tijdens het onderzoek kunnen aanvullende vragen opgekomen zijn, kan de focus van de opdrachtgever en onderzoeker veranderd zijn. Misschien wil men juist alles weten van én over directeuren, misschien juist alles over een bepaald schooltype. Kortom: als verschillende doelgroepen zijn geïnterviewd, moet je overleg over de wijze van rapporteren inplannen. Een rapport later veranderen of herschrijven is veel werk!

Vaste indeling
Of je nu gekozen hebt voor groepsdiscussies of interviews, de opbouw van een kwalitatief rapport is vrijwel altijd dezelfde. Een goed rapport is overzichtelijk opgebouwd, zonder veel herhalingen en opgesteld in een duidelijke schrijfstijl. Daarom is het goed om met een vaste indeling in hoofdstukken en paragrafen te werken.
Een marktonderzoeksrapport met één of meer hoofdstukken met resultaten bevat vrijwel altijd de volgende onderdelen:
- omslag, titelpagina;
- pagina met verwijzing naar copyright/auteursrechten;
- inhoudsopgave;

- hoofdstuk: achtergrond en opzet van het onderzoek;
- hoofdstuk(ken): resultaten;
- hoofdstuk: samenvatting en conclusies;
- eventueel aanbevelingen;
- bijlagen.

Deze indeling wordt meestal ook voor een management summary gehanteerd, al zijn de betreffende hoofdstukken dan korter.

Tijdschema rapporteren
Schrijven gebeurt op basis van een analyseschema. Uitgaande van bijvoorbeeld 15 gesprekken of 3 groepsdiscussies heb je aardig wat materiaal liggen (tussen 30 en 100 pagina's notulen of aantekeningen). Marktonderzoeksbureaus rekenen circa 16 uur voor de analyse en 24 tot 40 uur voor het schrijven van een rapport. Voor een management summary staan meestal maar 16 uur! Als je net start met je eerste verslag, moet je zeker meer tijd incalculeren.

En een conceptrapport is nog een concept. Vrijwel iedere klant wil nog veranderingen of aanvullingen. Meestal wil men deze ook nog even controleren. Dus houd er rekening mee dat je nog zeker één dag extra bezig bent voor je een kant-en-klaar rapport kunt versturen.

Perfectionisme
Maak je rapportage niet té perfect. Je kunt wel weken eraan besteden voor het volgens jouw idee 100% is, maar een klant ontdekt ook graag fouten. Iedere klant wil er wel iets uithalen, dus een goed concept is niet perfect.

8.3 Het raamwerk maken

Ervaring leert dat je, voor je begint met het schrijven van de hoofdstukken met resultaten, het beste kunt starten met het raamwerk. Daarbij horen de titelpagina, de opzet, het eerste hoofdstuk en de bijlagen van je rapport. Alle informatie heb je hiervoor ter beschikking. Laten we hier de zaken die voor kwalitatief onderzoek van belang zijn even langslopen.

Titelpagina
Over de vormgeving van de titelpagina en omslag zijn geen voorschriften vastgelegd. Het is je vrije keuze om deze zo kleurig of apart mogelijk te maken. Meestal wordt een verslag ingebonden, maar ook een ringband is, zeker voor een concept, prima. Voor de vormgeving kiest iedereen zijn eigen stijl. Enkele zaken moeten wel op de eerste pagina van de rapportage genoemd worden:
- titel van het rapport;
- korte aanduiding van het type onderzoek;
- eventuele projectnummer;
- opdrachtgever;
- opdrachtnemer;
- plaats en datum.

Ten eerste de titel. Onder een pakkende of ludieke titel, zoals *Doe mij maar xyz!* hoort altijd een ondertitel, zoals: *Een kwalitatief onderzoek naar product XYZ door middel van groepsdiscussie met gebruikers van product XYZ*. Verder noem je op de eerste pagina in wiens opdracht het onderzoek is uitgevoerd en wie / welk bureau dit onderzoek heeft uitgevoerd. Het spreekt voor zich dat je datum en plaats moet toevoegen. Waarschijnlijk heb je zelf aan dit project een nummer gegeven, anders heeft de opdrachtgever vaak een eigen project- of opdrachtnummer dat beslist op de voorpagina vermeld moet worden.

Hieronder is een typische omslagpagina van een rapport te zien.

Omslagpagina rapport XYZ

Doe mij maar XYZ!
Een kwalitatief onderzoek naar product XYZ
door middel van groepsdiscussies met
……………..

Uitgevoerd door…………………
In opdracht van ………..

Projectnummer ….., plaats, maand en jaar
eventueel nog het opdrachtnummer

Copyright en auteursrechten

Op de tweede pagina, nog voor de inhoudsopgave, moet je melding maken van het copyright en de auteursrechten. Je hebt dan wel zelf een rapport geschreven, maar als dat in opdracht van een klant is gebeurd en deze betaalt je ervoor, dan ligt het copyright bij de klant. Het is van belang om dit ook in het rapport te vermelden. Standaard gebeurt dit voor overheidsorganisaties, maar ook in het bedrijfsleven als in voorbeeld 8.2.

■ **Voorbeeld 8.2 Vermelding van copyright**
© Copyright
Niets uit dit rapport mag worden verveelvoudigd en/of openbaar gemaakt
door middel van druk, fotokopie, microfilm of anderszins, zonder voorafgaande
schriftelijke toestemming van onderstaand ministerie/onderstaande instantie/
onderstaand bedrijf.
Voor nadere inlichtingen en/of verzoeken om exemplaren van dit rapport kunt
u zich wenden tot ………….. te …………. .

Bij auteursrechten liggen de zaken weer anders dan bij copyright. Want natuurlijk is het niet de bedoeling dat een klant in de digitale versie van een rapportage op eigen initiatief iets verandert. Bijvoorbeeld een aantal conclusies toevoegt of citaten die niet in de beleidsstrategie van een bedrijf passen, weghaalt. Dat gebeurt gelukkig ook vrijwel nooit, maar het is altijd beter om het van tevoren uit te sluiten. Voeg, indien je er afspraken over wilt maken, de zin toe dat de auteursrechten bij het onderzoeksbureau liggen.

8.4 De inleiding op je rapport

Een rapport begint altijd met een inleidend hoofdstuk waarin kort de achtergrond, doelstelling en opzet van het onderzoek worden toegelicht. Meestal staan alle zaken die je voor het schrijven van dit hoofdstuk nodig hebt al in het onderzoeksvoorstel, het contract of in notulen van eerste gesprekken die met de opdrachtgevers vooraf zijn gevoerd. We gaan kort in op de meest belangrijke paragrafen die in dit eerste hoofdstuk van een kwalitatieve rapportage moeten staan.

8.4.1 Achtergrond van de opdracht

Alle informatie die je nodig hebt voor het schrijven van de eerste paragraaf wordt gegeven in de briefing. Daarmee bedoelen we de stukken die je van tevoren van je opdrachtgever hebt ontvangen. Denk verder bijvoorbeeld aan het onderzoeksvoorstel, notulen van eerste gesprekken of andere informatie. Informatie is meestal ook op te zoeken via de website van je klant of in brochures. Vat de informatie over bijvoorbeeld het werkveld of de producten kort samen om ook de lezers die de klant niet kennen, een indruk te geven van de achtergrond. Hierdoor is het voor de lezer ook gemakkelijker om de resultaten te kunnen plaatsen. We illustreren dit aan de hand van voorbeeld 8.3.

■ **Voorbeeld 8.3 Korte achtergrondschets bij het onderzoek**
Het onderzoek is uitgevoerd in opdracht van bedrijf XYZ, een bedrijf dat zich sinds 19.. beweegt in de groeimarkt van ... Door middel van onderzoek wil men de markt voor frisdrank bij jongeren verkennen. De markt voor frisdrank kenmerkt zich door ... Een product dat onlangs is ontwikkeld moet getest worden.
Op basis van deze achtergrond is de volgende doelstelling van het onderzoek geformuleerd ...

8.4.2 Doelstelling en vraagstelling van het onderzoek

De paragraaf over doelstelling en vraagstelling geeft de basisvraag van je onderzoek weer. In dit stuk staat als het ware waarom je onderzoek heeft plaatsgevonden. Om er zeker van te zijn dat je de juiste doelstelling noteert, heb je bij de start van je onderzoek in overleg met je opdrachtgever het doel al bepaald. Mocht dat niet goed geregistreerd zijn, of misschien is er gaandeweg het onderzoeksproces een andere richting gekozen, dan is het altijd goed om voor het schrijven van je rapport kort met de opdrachtgever te overleggen.

De *doelstelling* van het onderzoek is meestal door de klant al gegeven. In de briefing staat bijvoorbeeld: 'Onderzoek doen naar een conceptbrochure, die straks ouders van basisschoolkinderen goede voorlichting moet geven over de schoolkeuze.' Of: 'Testen van een nieuwe frisdrank voor jongeren.'
De *vraagstelling* moet een stuk concreter en in vraagvorm geformuleerd worden. Bij het eerste voorbeeld staat bijvoorbeeld als vraagstelling: Vinden ouders de brochure duidelijk en begrijpelijk? Welke delen van

de brochure lezen ouders met name? Welke delen roepen de meeste vragen op? Hoe kunnen deze vragen beantwoord worden?

De doelstelling en vraagstelling hoeven niet ingewikkeld te zijn. Benoem in je verslag rustig wat de belangrijkste concrete vragen van je klant zijn en licht deze vervolgens toe aan de hand van een aantal deelvragen. Meestal zijn dit de vragen die je in de checklist hebt opgenomen. Als deze in deze paragraaf goed te rubriceren zijn onder bepaalde kopjes, staat daarmee meestal ook de indeling van je hoofdstukken met resultaten vast. In het voorbeeld van een inleidend hoofdstuk zijn enkele mogelijke vraagstellingen en uitwerkingen opgenomen. Over het algemeen start een dergelijke paragraaf met de zin: Als onderzoeksdoelstelling is geformuleerd: 'Inzicht verkrijgen in XYZ'.

8.4.3 Opzet en methodiek van het onderzoek

In de paragraaf over opzet en methodiek moet eerst worden stilgestaan bij de gekozen methodiek. Waarom heb je gekozen voor diepte-interviews of groepsdiscussies of een andere kwalitatieve methode? In de literatuur is een aantal standaardargumenten opgenomen op basis waarvan je voor de ene of andere methodiek kunt kiezen. Bij groepsdiscussies als onderzoeksmethodiek wordt meestal aangegeven dat hiervan een meer stimulerende werking uitgaat. Door de interactie en uitwisseling van ideeën en opvattingen kan bij de diverse thema's meer inhoudelijke diepgang bereikt worden dan tijdens een individueel interview. Bij diepte-interviews wordt aangegeven dat deze de voorkeur verdienen als interactie tussen de deelnemers niet gewenst is. Bijvoorbeeld als iedere respondent rustig een bepaalde uiting moet bekijken, een bepaald product moet proeven of een bepaald item moet kunnen bespreken.

Verder wordt in de paragraaf opzet en methodiek ingegaan op de tijdsperiode waarin het onderzoek heeft plaatsgevonden (noem de maanden of dagen) en de wijze van uitvoering van de interviews of discussies.
Over de volgende zaken moet je informatie in je rapportage opnemen.
a Waar hebben de gesprekken of discussies plaatsgevonden? Bijvoorbeeld: op het werk van respondenten, thuis bij de mensen, op kantoor, in een professioneel ingerichte onderzoeksruimte, op straat?
b Wat was de lengte van de gesprekken?
c Is er genotuleerd tijdens de gesprekken?
d Zijn de gesprekken opgenomen op recorder of met een camera?
e Is aan opdrachtgevers de gelegenheid geboden de gesprekken via een gesloten videosysteem of een one-way-screen te volgen?

Onderzoeksmateriaal
Indien onderzoeksmateriaal is gebruikt of getest, is het van belang om in je rapport te vermelden wat dit is geweest. Meestal is het voor de lezer handig als in het begin van het rapport kort en duidelijk is vermeld welk onderzoeksmateriaal het betreft. Welke advertenties zijn bijvoorbeeld getest? Zijn er complete spotjes of alleen tekeningen van de tv-beelden vertoond? Heeft men bepaalde zaken laten zien en beoordelen? Het is handig om een kopie van het geteste materiaal ook in de bijlage van je rapportage op te nemen en in de rapportage duide-

lijk te verwijzen naar deze bijlage. Een digitale opname van een nieuw spotje kun je natuurlijk niet in een schriftelijk rapport kopiëren. Indien storyboards zijn getest, dat zijn de tekeningen van alle scènes van een mogelijk spotje, dan kun je deze wel kopiëren. Meestal beschrijf je kort de tekst en de situatie.

8.4.4 Werving en selectie van respondenten

In de paragraaf over werving en selectie ga je in op de wijze waarop je aan respondenten bent gekomen. Potentiële respondenten voor een test van bijvoorbeeld frisdrank lopen immers niet met een bord op hun rug rond waarop staat: 'Ik houd van frisdrank, met name Fristi en dit is mijn telefoonnummer.' Iedere lezer van je rapportage is benieuwd hoe je dan wel aan respondenten komt. Vraag is hier of en wat je in de rapportage erover moet vermelden.
Van belang is om in deze paragraaf van je rapport kort in te gaan op de volgende vragen.
- Wie was uitgenodigd? Welke selectiecriteria zijn gesteld?
- Wie is daadwerkelijk gekomen? Voldeden de respondenten aan de gestelde criteria?
- Wie, welk bureau heeft de werving verzorgd?
- Hebben de respondenten een vergoeding ontvangen?

In de paragraaf werving en selectie wordt meestal een schema opgenomen met de geworven en de uiteindelijk aanwezige respondenten. Noem in de rapportage eerst de selectiecriteria en geef vervolgens in een overzichtsschema aan welke respondenten daadwerkelijk bereikt en geïnterviewd zijn. In voorbeeld 8.4 hebben we aangegeven hoe dit eruit kan zien.

■ **Voorbeeld 8.4 Overzichtsschema van respondenten**
Voor een onderzoek naar de mening van potentiële autokopers ten aanzien van de nieuwe Porsche is bepaald dat er meer mannen dan vrouwen moeten komen, die in verschillende merken auto's rijden en in verschillende plaatsen wonen. In een tabel zou het er dan zo uitzien:

	Huidige auto					
	BMW		Mercedes		Porsche	
Woonplaats	Man	Vrouw	Man	Vrouw	Man	Vrouw
Amsterdam	2	1	2	1	2	1
Rotterdam	2	1	2	1	2	1
Arnhem	2	1	2	1	2	1
Totaal	6	3	6	3	6	3

Het is van belang om in de rapportage te vermelden wie de werving en selectie heeft verzorgd. Dat kan bijvoorbeeld een werving- en selectiebureau geweest zijn, soms nodigt de opdrachtgever zelf uit of kunnen mensen zich melden op basis van een advertentie. Ook kan het onderzoeksbureau bellen vanaf een adreslijst.

Het is altijd heel nuttig en verhelderend om in dit rapportagedeel kort te noemen of de respondenten graag zijn gekomen, enthousiast of tevreden waren over de interviews, graag praatten over het onderwerp. Dit geeft aan de lezer van je verslag een indruk van de interviewsituatie en in feite ook van de waarde van de resultaten. Welke conclusies zou een lezer immers moeten trekken uit de opmerking dat respondenten nauwelijks te werven waren, velen niet kwamen opdagen, degenen die er waren met tegenzin praatten en na afloop alleen vroegen om de vergoeding? Gelukkig komt dit nauwelijks voor, maar als het wel zo is, mag je behoorlijk twijfelen aan de waarde van je resultaten.

8.4.5 Analyse en rapportage

In de laatste paragraaf van het inleidende hoofdstuk ga je in op de wijze van analyse en de opbouw van de rapportage. Enkele zaken moeten ook hier beslist genoemd worden. Is geanalyseerd op basis van de notulen of letterlijk uitgewerkte verslagen? Is gebruikgemaakt van een analyseprogramma zoals *Kwalitan*?

Ook op de wijze van citeren wordt in deze paragraaf ingegaan. Je moet eerst aangeven of citaten gebruikt worden. Indien citaten zijn opgenomen, vermeld dan of deze in de rapportage bijvoorbeeld cursief gedrukt zijn en/of tussen aanhalingstekens staan. Vermeld ook, indien je achter een citaat met een bepaalde code of nummering tussen haakjes hebt aangegeven wie iets heeft gezegd, wat de betekenis is. De code (M18) achter een citaat kan immers betekenen dat het een 18-jarige man of een meisje is!

Verder geef je hier een korte toelichting bij de opbouw van de rapportage, een soort leeswijzer. Wat staat in hoofdstuk 1, wat in 2 enzovoort? Vergeet ook niet om hier te noemen welke zaken in de bijlage zijn opgenomen.

Deze paragraaf wordt afgesloten met de opmerking dat de gegevens uitsluitend ter beschikking van de opdrachtgever staan. Andere bedrijven zouden deze informatie natuurlijk graag willen hebben. Een opmerking als deze kan alleen maar helpen hen ervan bewust te maken dat een ander hiervoor betaald heeft en dat het niet de bedoeling is dat iedereen er gratis van profiteert.

Om een en ander concreet te maken hebben we hierna een voorbeeld van een eerste hoofdstuk opgenomen. Als je alles wat hieronder staat in hoofdstuk 1 opneemt, voldoe je helemaal aan de eisen die de brancheverenigingvoor marktonderzoek aan een verslag stelt.

Voorbeeld rapportpagina

1.1 Achtergrond van de opdracht

1.2 Doelstelling en vraagstelling van het onderzoek
Het doel van het onderhavige onderzoek is als volgt geformuleerd:
'Het verkrijgen van inzicht in kennis en houding van zowel het algemeen publiek (ouders, leerlingen) als het onderwijsveld ten aanzien van enkele kernthema's.'
Deze doelstelling is uitgewerkt in de volgende vraagstelling:
- Welke opvattingen en meningen hebben ouders, leerkrachten en leerlingen ten aanzien van het onderwijs in Nederland en het onderwijs op de 'eigen' school?
- Welke thema's en onderwerpen achten respondenten belangrijk met betrekking tot het onderwijs?
- Hoe beoordeelt men de kernthema's?
- ....?

Of een ander voorbeeld:

Het doel van het onderhavige onderzoek is tweeledig, namelijk:
'Inventariseer de behoefte aan "nieuwe" frisdrank bij de doelgroep.'
'Test XYZ frisdrank bij de doelgroep op smaak, prijs, verkrijgbaarheid en reclame'

Deze doelstelling is uitgewerkt in de volgende vraagstelling:
- Welke voorkeuren hebben mannen en vrouwen t.a.v. frisdrank?
- In welke situaties, wanneer drinkt men bij voorkeur frisdrank?
- Wie koopt frisdrank voor huishoudelijk gebruik?
- Hoe beoordeelt men de reclame-uitingen bij frisdrank XYZ? (affiches, spotjes, verpakking, vorm van de fles)
- Eindoordeel

1.3 Opzet en methodiek van het onderzoek
Kwalitatief onderzoek is gericht op het verkrijgen van diepgaande en gedetailleerde informatie over een bepaald onderwerp en heeft als voordeel dat het probleemveld adequaat in kaart wordt gebracht en er een diepgaand en breed beeld ontstaat over het onderwerp. In onderhavig onderzoek is bewust gekozen voor:
a groepsdiscussies als onderzoeksmethodiek, omdat hier een meer stimulerende werking vanuit gaat. Door de interactie en uitwisseling van ideeën en opvattingen kan bij de diverse thema's meer inhoudelijke diepgang bereikt worden dan tijdens een individueel interview.
b diepte-interviews omdat interactie tussen de deelnemers niet gewenst was; iedere respondent moest rustig een bepaalde uiting kunnen bekijken, een bepaald product proeven of een bepaald item kunnen bespreken.

1.4 Werving en selectie van respondenten
Bij de selectie van respondenten is rekening gehouden met de volgende criteria:
- spreiding naar leeftijd
- spreiding naar gebruik of bekendheid ....
- spreiding naar ....

De volgende respondenten hebben aan de focusgroepen / de interviews deelgenomen: geanonimiseerde tabel............. De respondenten zijn wel / niet verhuld uitgenodigd en hebben wel / niet een beloning ontvangen.

1.5 Analyse en rapportage
Voor een goed begrip van de onderzoeksresultaten wordt opgemerkt dat kwalitatief onderzoek vooral verkennend en inventariserend van aard is. De resultaten van dit onderzoek geven een diepgaand beeld van de manier waarop deelnemers tegen de thematiek aankijken en ermee omgaan.

Citaten zijn volledig / in ingekorte vorm en cursief lettertype opgenomen in de rapportage. Achter de citaten is tussen haakjes aangegeven welke type respondent dit heeft gezegd.

Vaak sluit men deze laatste paragraaf af met de opmerking dat de gegevens alleen ter beschikking staan van de opdrachtgever. Dat is feitelijk ook al gezegd in het blokje over auteursrechten, maar hier gaat het expliciet over de gegevens.

8.5 Beschrijven van de resultaten

Na het inleidende hoofdstuk volgen één of meer hoofdstukken over de resultaten. Ook hier is een goede opbouw van belang. Je begint meestal met te rapporteren over de achtergrondkenmerken van de respondenten: wie is geïnterviewd, welk type mensen, beroepen, gezinnen? Iets hierover staat al in de paragraaf werving en selectie. Hier licht je dan ook nader toe wie je daadwerkelijk hebt geïnterviewd, welk beroep mensen hadden enzovoort.

Vervolgens is het handig de checklist er weer bij te pakken en per vraag of invalshoek alles wat er is gezegd samen te vatten. Meestal doe je dit als volgt: je herleest nog eens alle citaten die over een bepaald thema gaan, bijvoorbeeld over 'het gevoel van motorrijden' of de 'smaak van een drankje'. Dan kies je enkele citaten die het beste weergeven wat de meeste respondenten over dit thema hebben gezegd. Let op, ook wat een enkeling heeft gezegd kan soms van grote betekenis zijn. Kwalitatief onderzoek draait immers niet om het aantal, maar om de betekenis en waarde van wat er is gezegd.

In voorbeeld 8.5 vind je vier uitspraken die tijdens een diepte-interview door respondenten zijn gegeven.

■ Voorbeeld 8.5 Resultaten 'gevoel van motorrijders'

Over het gevoel van motorrijders zou je als volgt kunnen rapporteren:

1 Inleiding
In dit hoofdstuk gaan we in op de verschillen in gevoelens tussen motorrijders en automobilisten. Achter ieder citaat is aangegeven of het een uitspraak van een motorrijder (M) of een automobilist (A) betreft.

2 Het gevoel
Motorrijders willen zich onderscheiden van de massa; ze zien zichzelf als een groep apart die elkaar herkent en begroet. Bij allen vormt de behoefte aan avontuur en iets bijzonders beleven duidelijk een reden om op de motor te rijden.

'Motorrijden geeft je het gevoel dat je anders bent dan de rest.' (vrouw, 50 jaar, M)

'Motorrijders begroeten elkaar nog op de weg, bij automobilisten zie je dat nooit.' (jongen, 16 jaar, M)

'Als ik op mijn motor zit voel ik me heel anders, dan ben ik een vrijbuiter, een avonturier.' (vrouw, 21 jaar, M)

'Motorrijders lijken net een clubje! Irritant vind ik dat, want dan denken ze ook alles te kunnen doen.' (man, 36 jaar, A)

Opnemen van citaten
In ieder uitgebreid rapport worden citaten opgenomen om de lezer duidelijk te maken hoe en op welke wijze er over een bepaald product, over een onderwerp of een thema is gesproken. In een samenvatting en in de conclusies worden vrijwel nooit citaten opgenomen. Hoe je

omgaat met citaten ligt voor kwalitatieve rapporten grotendeels vast. Het is van belang dat citaten niet het hele rapport overheersen. Enkele korte citaten komen beter over dan lange verhalen. Bovendien zijn er duidelijke richtlijnen over hoe je mag citeren.

Citaten geef je in de tekst cursief weer tussen aanhalingstekens, om goed duidelijk te maken wat door de respondenten is gezegd en wat de onderzoeker erbij heeft geschreven. In een rapport mogen de citaten enigszins aangepast of ingekort worden, mits daardoor de betekenis niet verandert. Soms gebeurt dat ook juist niet, want met een citaat kun je duidelijk laten zien waar het de respondent ontbreekt aan kennis over een bepaald onderwerp. Het geeft een waarheidsgetrouw beeld van de situatie, want foutieve interpretaties zijn immers interessante dingen om te weten. Als bijvoorbeeld iemand altijd over lbo-onderwijs praat in plaats van vmbo, dan laat je in een ongecorrigeerd citaat gewoon lbo-onderwijs staan, omdat je daarmee goed laat zien dat de spreker eigenlijk niet goed thuis is in het onderwerp.

Anoniem
Wil je citaten opnemen, dan is het van belang ze te anonimiseren. Wat bedoelen we hiermee? Uit het citaat mag niet blijken wie dit heeft gezegd. Het moet dus anoniem zijn. Neem bijvoorbeeld het volgende citaat:

> 'Op onze school in Utrecht Tuindorp zetten we de leerlingen in de hoek als ze opstandig worden.' (man, 35 jaar, leraar)

Als er maar één persoon uit Utrecht is geïnterviewd en die blijkt zo eerlijk geweest te zijn dit toe te geven, dan is het als onderzoeker beter om uit dit citaat 'in Utrecht Tuindorp' weg te laten. Daardoor verandert er nog niets aan de betekenis, maar het is niet meer mogelijk te weten te komen wie dit heeft gezegd.

8.6 Last but not least: samenvatting en conclusies

In het laatste hoofdstuk na de resultaten worden de samenvatting en conclusies gegeven. Veelal vraagt een opdrachtgever om dit hoofdstuk als eerste in het rapport te plaatsen, bij voorkeur op gekleurd papier gedrukt of op een opvallende plek. Ervaring leert dat dit hoofdstuk het meest gelezen wordt. Daarom is de opbouw van belang. Veelal wenst de opdrachtgever twee gescheiden hoofdstukken, zeker als bij de conclusies ook aanbevelingen zijn opgenomen.
De samenvatting moet zo duidelijk en allesomvattend mogelijk zijn. Als je de rapportage net af hebt en nog helemaal in het rapport zit, is het niet gemakkelijk om een goede samenvatting te schrijven. Soms helpt het om de rapportage een aantal dagen te laten liggen en dan pas te gaan schrijven. Handig is het om in twee Word-documenten te werken en telkens de meest cruciale zaken uit het volledige rapport te blokken naar de samenvatting. Vervolgens kun je er een samenhangend en sluitend verhaal van maken. Bij een goede samenvatting hoort een korte herhaling van de achtergrond, de doelstelling en vraagstelling en de opzet. In een samenvatting worden meestal geen citaten meer

opgenomen. Maar als je denkt dat een citaat wel een heel erg typerende uitspraak is voor je uitkomsten, maak je een uitzondering.

Conclusies en aanbevelingen

Het is van belang de samenvatting van de resultaten te scheiden van je interpretatie als onderzoeker. Conclusies en aanbevelingen zijn een apart onderdeel van de rapportage. Gebruik als kapstok voor de conclusies de vragen uit het eerste hoofdstuk. Geef als het ware per vraag een antwoord in de vorm van een conclusie. Bijvoorbeeld: Hoe staan respondenten tegenover frisdrank? *Respondenten zijn vooral na het sporten dol op frisdrank en waarderen met name frisdrankjes die energie beloven. Een aanbeveling zou kunnen zijn om op de verpakking van de nieuwe frisdrank te vermelden dat je er ook ná het sporten energiek van wordt.*

Het is niet gemakkelijk om goede conclusies en zinvolle aanbevelingen op papier te zetten. Zeker niet als je nog weinig ervaring hebt opgedaan met onderzoeken of nauwelijks vergelijkbare onderzoeken hebt uitgevoerd. Op basis van een uitgebreide gezamenlijke bespreking van het conceptrapport met je opdrachtgevers worden conclusies daarom vaak pas na deze bespreking op papier gezet. Het is wel van belang dat je bij je eigen conclusies blijft en niet opschrijft wat de opdrachtgever bij voorkeur zou willen horen of lezen. Je moet objectief blijven.

Professionele integriteit en betrouwbaarheid

Klanten proberen soms om de marktonderzoeker voor hun karretje te spannen. Denk maar aan een verzoek in de trant van: 'Schrijf maar op dat de marketing van dit product fantastisch is!'

Laat je niet verleiden om aanbevelingen of conclusies op te nemen die je niet voor 100% kunt baseren op je onderzoeksuitkomsten.

Verder worden aanbevelingen niet door iedere opdrachtgever gewenst. Soms wil men deze wel op een los vel papier hebben om later nog te kunnen bekijken of men er iets mee doet. Vraag eerst naar de wensen van je klant voor je deze confronteert met onmogelijke aanbevelingen. Duidelijk mag zijn dat niet iedere opdrachtgever zit te wachten op een conclusie en aanbeveling in de trant van: *Gooi dit product maar weg!* Enige nuancering, zeker op basis van de eerste bespreking, is dan wel op zijn plaats.

Checklist

De omvang van het rapport hangt af van de wensen van de opdrachtgever. Een uitgebreid rapport is duurder dan alleen een managementsamenvatting.

Als je een rapport schrijft voor je studie, zal dit altijd moeten voldoen aan de eisen van de opleidingsinstelling. Je kunt voor de klant een aparte versie maken.

Ieder marktonderzoeksrapport volgt dezelfde, vaste indeling. Deze vormt het raamwerk waarbinnen je op een logische manier alle gewenste informatie kunt geven.

Het schrijven van een marktonderzoeksrapport duurt vier tot vijf werkdagen.

Net als bij kwantitatief marktonderzoek moet je bij kwalitatief marktonderzoek precies verantwoorden welke onderzoeksmethode je hebt gekozen.

In een rapport van kwalitatief marktonderzoek neem je bijna altijd citaten op.

Citaten moeten duidelijk herkenbaar zijn door het gebruik van aanhalingstekens in de tekst. Je mag uitspraken anders dan letterlijk weergeven om het rapport leesbaarder te maken; als de inhoud maar gelijk blijft.

Citaten moeten volstrekt anoniem zijn.

De samenvatting is het meest gelezen deel van het onderzoeksrapport. Deze moet kort zijn maar tegelijkertijd wel de essentiële informatie over het onderzoek bevatten.

Conclusies en aanbevelingen geven weer wat jouw eigen ideeën zijn over de betekenis van de onderzoeksresultaten.

Literatuuroverzicht

Active reaction, *TIM-Online-methode*. Geraadpleegd via www.activereaction.nl op 31 augustus 2011.

Anonymus (2010). *Gedragscode voor onderzoek en statistiek*. Amsterdam: Markt-OnderzoeksAssociatie in samenwerking met VBO (Vereniging voor Beleidsonderzoek) en VSO (Vereniging voor Statistiek en Onderzoek). Geraadpleegd via www.moaweb.nl op 18 januari 2012 (NB document is gratis. Kies op de site voor gedragscodes en dan downloads).

Anonymus (2011). Geraadpleegd via www.lichaamstaal.nl op 3 september 2011.

Baarda, D.B., Goede, M.P.M. de & Teunissen, J. (2005). *Basisboek kwalitatief onderzoek: handleiding voor het opzetten en uitvoeren van kwalitatief onderzoek*. Groningen: Stenfert Kroese.

Boeije, H. (2005). *Analyseren in kwalitatief onderzoek*. Hoofddorp: Boom onderwijs.

Broekhoff, Mirjam (2010). Op social media zijn mensen overwegend positief of genuanceerd. *CLOU*, 47, p 12.

Broekhoff, Mirjam (2011). Uitvoering EO's The Passion, Blauw onderzoekt social media. *CLOU*, 53, p 38-39.

Burns, Alvin C. & Bush, Ronald F. (2006). *Marketing Research and SPSS 13*. Upper Saddle River, N.J.: Prentice Hall.

Meier, U. (2011). Kwalitatief onderzoek in teststudio's. *Kwalon*, 16(2), p 17-27.

Morgan, David L. (2002). *Focus Group Interviewing*. In: James F. Gubrium & James A. Holstein, *Handbook of Interview Research, Context and Method* (p. 141-160). Londen: Sage.

Dijkstra, W. & Smit, J. (1999). *Onderzoek met vragenlijsten*. Amsterdam: VU Uitgeverij.

Effectief rapporteren (1999). Cursusboek. Amsterdam: NVMI (nu MOA).

Eunen, E.A. van (1993). *Interviewen voor markt- en opinie-onderzoek*. Houten: Educatieve Partners Nederland BV.

Evers, Kimberly (2009). *Storytelling. De toepasbaarheid van een fenomeen binnen de branding van fashionmerken* (afstudeeropdracht AMFI-Fashion & Branding). Geraadpleegd via: scriptiesonline.bib.hva.nl op 12 augustus 2011.

Fessem, A. van (2005). *Het leiden van groepsdiscussies* (onderwijsmateriaal). Amsterdam: Geoplan.

Hulshof, M. (1997). *Leren interviewen*. Groningen: Wolters-Noordhoff.

Hill, Dan (2011). *Emotienomie*. Amsterdam: Pearson Education Benelux.

Kitzinger, Jenny (2003). The methodology of focus groups: The importance of interaction between research participants. In: Nigel Fielding (ed.), *Interviewing* (Vol. 1). *Sage Benchmarks in Social Research Methods* (p. 347-364). Londen: Sage.

Kuhnke, Elizabeth (2009). *Lichaamstaal voor dummies*. Amsterdam: Pearson Education Benelux.

Kooiker, R. (2011). *Marktonderzoek*. Groningen: Wolters-Noordhoff.

Koopman, H. (2006). Nieuwe vakgroep, Online kwalitatief pionieren. *CLOU*, 4(20), p. 26.

Mehrabian, A. (1971). *Silent messages* (1st ed.). Belmont, CA: Wadsworth.

Morel, Kaj (2010). *Identiteitsmarketing. Waarom wij bestaan.* Schiedam: Scriptum Publishers.

Morgan, David L. (2003). Focus groups. In: Nigel Fielding (ed.), *Interviewing* (Vol. 1). *Sage Benchmarks in social research methods* (p. 323-346). Londen: Sage.

Nell, L. (2009). *Kan iedereen altijd hardop denken? Een onderzoek.* Geraadpleegd via sabelonline.nl op 8 augustus 2011.

Noteboom, Masja (z.j.). *Explore! The Story. De kracht van het verhaal.* Geraadpleegd via ferro-explore.nl op 18 januari 2012.

Poyntner, R. (2010). *The Handbook of online and social media research.* Chichester (VK): John Wiley & Sons Ltd.

Quilliam, Susan (1995). *Lichaamstaal, een handleiding voor non-verbale communicatie.* Lisse: Rebo Productions.

Rubin, Herbert J. & Rubin, Irene S. (1995). *Qualitative interviewing: the art of hearing data.* Thousand Oaks: Sage.

Ruyter, K. de & Scholl, N.B. (2005). *Kwalitatief marktonderzoek: theorie en praktijkcases.* Utrecht: Lemma.

Scholl, N.B. (2005). *Kwalitatief marktonderzoek: het hoe en waarom.* Amsterdam: MarktOnderzoekAssociatie (www.moaweb.nl).

Seekings, D. (1992). *How to organize effective conferences and meetings, 5th edition.* Londen: Kogan Page Limited.

Stienstra, Jochum (2008). *Leap into narratives.* Research World, november 2008. Geraadpleegd via ferro-explore.nl, (kies downloads) op 1 september 2011.

Vermeer, L. (2001). De Delphi-methode. *ONDERZOEK, thema kwalitatief onderzoek, 19*(3), p. 30-32.

Register

aanbevelingen *143*
aanleiding *18*
aantekeningen *125*
aantekeningenlijstje *111*
aanvullende vragen *133*
accent *62*
achtergrondkenmerken *141*
actief luisteren *50*
actief nadenken *113*
afkappen *55*
afronding *65*
afsluiting *81*
afstand *60*
analyse *27*
anonimiteit *109*
(audio)visuele hulpmiddelen *35*
auditief *54*
auteursrechten *135*

ballooning *92*
bedrijfsdoelstelling *19*
beeld *35*
beeld- en geluidsopnamen *123*
beeldvorming *106*
begroting *23*
benchmarking *112*
bereikbaarheid *34*
beroepsrespondent *36*
bevestigingsbrief *40*
bewijs *123*
body language *61*
boomstructuur *21*
brainstormen *77*
brainstormsessie *68, 77*
brede meningsvorming *69*
briefing *17*
budget *33*
bullet report *132*

cartooning *92*
catering *35*
checklist *42, 141*
checklist, elementen van de *78*
checklist er *141*
checklist opstelien *76*
citaten *139*
collage *90*

computerondersteunende
 programma's *126*
concept *42*
conclusies *142*
consumentensafari *110*
contant *37*
controle *123*
copyright *135*

datum *135*
deelvragen *20*
Delphi-methode *109*
Delphi-onderzoek *109*
details *123*
diepgaandere discussie *92*
diepte-interview *50*
dimensies *105*
discussiegroep *68*
discussieleider *72*
doelgroep *22, 33*
doelstelling *136*
doorvragen *52*
driestappentest *104*

eerste recall *82*
emotie *58*
ervaring *17*
'externe' factoren *32*

focus *133*
focusgroep *68*
focusinterview *50*
folio *127*
fotosoort *95*
full report *132*

gedigitaliseerde
 gespreksprotocollen *123*
gedrag *15*
geheimhouding *26*
gesloten vragen *52*
gesprekssituatie *60*
gevalideerde set *96*
gezichtsuitdrukking *57*
groep *70*
groepdiscussie, activiteiten tijdens
 de *74*

groepsbijeenkomst *68*
groepsdiscussie *14, 22*
groepsdiscussie, het leiden van
 een *72*
groepsdiscussie, plannen van
 een *76*

hardop denken *90*
hoofd- en subthema's *79*

identificeren *63*
indeling *133*
indirecte manier *95*
individueel interview *15, 22*
interview *50*
introductie *78*
invalshoek *133*
invullijst *112*
inzichtvormend *19*

Kelly Grid *105*
kennis *17*
kennismaking *78*
kinesthetisch *54*
klanttevredenheidsonderzoek *105*
Kritische Incidenten Techniek *105*
kwalitatief marktonderzoek *12*
kwantitatief onderzoek *12*
kwitantie *37*

leeswijzer *139*
letter- en/of
 nummeraanduiding *121*
letterlijke weergave *120*
lichaamstaal *59*
logische ordening en
 betekenisverlening *124*

management summary *132*
marktonderzoek *12*
MarktOnderzoekAssociatie
 (MOA) *25*
meekijken *45, 113*
meekijkruimte *35*
metacommunicatie *57*
methodiek *137*

147

middelen en materialen *44*
minidiscussie *70*
mondelinge briefingbijeenkomst *17*
moodboards *96*
mystery shopping *112*

nabijheid *60*
nadere analyse *125*
nieuwe inzichten *96*
non-verbale communicatie *56*
notuleren *122*
notulist *71*
nuancering *143*

objectief *143*
observatie *15*
observeren *110*
omslagpagina *135*
ondertitel *134*
onderzoeksdoelstelling *19*
onderzoekslocatie *32*
onderzoeksmateriaal *137*
onderzoeksplan *16*
onderzoeksruimte *33*
onderzoeksvoorstel *18*
onderzoeksvraag *17, 20*
onderzoeksvragen, het clusteren van *80*
online gesprekken *51*
online groepsdiscussie *72*
online kwalitatief onderzoek *106*
ontwikkelproces *42*
oogbewegingen *111*
opbouw *80*
opdrachtgever *71, 135*
opdrachtverlening *25*
open interview *50*
open vragen *52*
opzet *137*
overzichtsschema *138*

personificatie *94*
persoonlijk interview *50*
plaats *135*
planningsschema *23*
pretesten *81, 82*

privacy *45*
privacygevoeligheid *45*
probleemstelling *133*
procedures *36*

raamwerk *134*
rapportage *28*
referenties *25*
regels *36*
reminder *42*
remmingen *88*
respondenten *38*
resultaten *141*
rollenspel *89*
ruimte *128*

samenvatten *54*
samenvatting *124, 142*
schriftelijke accordering *26*
schriftelijke bevestiging *36*
selecteren *36*
selectiecriteria *37*
situatieschets *18*
sociaalwetenschappelijk onderzoek *69*
social media onderzoek *115*
sorteer- en selectietechnieken *105*
spelvragen *113*
spiegelen *53*
status *18*
steekproefeisen *36*
steekwoord *125*
stem *62*
stemgebruik *62*
stilte *55*
storyboard *82*
storytelling *99*
sturen *65*
sturende vragen *52*

taalproblemen *64*
tafelopstelling *44*
tekstmining *112*
terugkoppeling *109*
testkeuken *35, 111*
tijdsbesteding *81*
tijdsperiode *137*

titel *134*
toepasselijke entourage *33*
toplines *132*
trechter *80*
typografische kenmerken *126*

uitbesteden *39*
uiterlijk *62*
uitnodigen *37*
uitvoering *27*

verbaal *51*
verbale communicatie *51*
vergelijkingen *105*
vergoeden *37*
verloop *63*
versnellingskamer *108*
visueel *54*
volgorde *80*
voorbereiding *27*
(voor)oordelen *95*
voorschriften *37*
voorspellingstechniek *109*
vraaggebieden *42*
vraagstelling *136*
vragen *42*
vragenlijst *42*
vrije associatie *94*
vrije beroepen *25*
vrije groepsdiscussie *69*
vrij interview *50*

waardebeeld *97*
waarden *99*
waarheidsgetrouw beeld *142*
waarnemend vermogen *124*
webcareteam *116*
webmining *13*
webscraping *112*
werven *36*
werving en selectie *138*
Wet bescherming persoonsgegevens (WBP) *45*
winkelobservatie *111*
workshop *68, 88*

zelf doen *38*
zelfonthulling *56*

Over de auteurs

Uta Meier (1958) begon haar loopbaan als universitair onderzoeker bij de vakgroep communicatiewetenschap in Nijmegen. Daarna werkte zij vanaf 1988 voor de marktonderzoeksbureaus Nipo/Veldkamp en Intomart. In 1997 richtte zij haar eigen onderzoeksbureau op: UMP Research in Arnhem. Sinds 2009 is dit bureau gevestigd in Nijmegen. Door haar bureau worden zowel kwantitatieve als kwalitatieve onderzoeken verricht. Haar specialisme zijn onderzoeken voor Nederlandse bedrijven op de Duitse markt. Uta Meier geeft als gastdocent regelmatig colleges over marktonderzoek, onder andere aan de verschillende hbo-instellingen in Nederland. In de loop der jaren hebben vele stagiaires via haar bureau het marktonderzoek als interessant vak ontdekt en een goede baan gevonden. Belangrijke klanten voor UMP Research zijn non-profitorganisaties, de (rijks)overheid en marketingbureaus.
Contactgegevens en meer informatie zijn te vinden op de website: www.umpresearch.com.

Mirjam Broekhoff (1963) volgde een opleiding aan de Landbouw Universiteit Wageningen in economie, marktonderzoek en communicatie. Daarna heeft zij bij verschillende organisaties gewerkt. Als adviseur bij de Overijsselse Ontwikkelings Maatschappij zette ze cijfers op een rij en vertaalde deze in adviezen voor arbeidsmarkt en onderwijs. Bij de Arbeidsvoorziening Oost Utrecht leidde zij de afdeling Marketing en gaf zij een impuls aan de pr. Ook werkte ze als docent in het heao. Vanaf 2000 werkt zij als zelfstandig ondernemer. Onder het motto 'sprekende teksten, feiten en cijfers' schrijft zij over marketing en marktonderzoek. Ook ondersteunt zij marketeers met teksten en het doen van deskresearch. Daarnaast schrijft ze regelmatig als journalist en blogger voor verschillende vaktijdschriften.
Contactgegevens en meer informatie zijn te vinden op de website: www.mirjambroekhoff.nl.